Locos por Miley

Una biografía no autorizada

Planeta Junior

Avda. Diagonal, 662-664, 08034 Barcelona (España)
Traducción de Patricia Nunes
Diseño de cubierta: Aurora Gómez. Departamento de Diseño de Editorial Planeta, S. A.

Créditos de las fotos: Cubierta: por cortesía de Albert L. Ortega/Prphotos.com; Interior: primera página por cortesía de Keving Winter/Getty Images; segunda página por cortesía de Frank Micelotta/Getty Images, Kevin Mazur/WireImage.com; tercera página por cortesía de Frank Micelotta/AMA/Getty Images, F Micelotta/TCA 2008/Getty Images; cuarta página por cortesía de Jeff Kravitz/FilmMagic, Kevin Mazur/WireImage.com; quinta página por cortesía de John Shearer/WireImage.com, Bryan Bedder/Getty Images; sexta página por cortesía de Mike Marsland/WireImage.com, Jean Baptiste Lacroix/WireImage.com; séptima página por cortesía de Steve Granitz/WireImage.com, Frank Micelotta/Getty Images; octava página por cortesía de K Winter/TCA 2008/Getty Images.

Primera edición: junio de 2009
ISBN: 978-84-08-08736-6
Depósito legal: B. 22.948-2009
Impresión: Litografía Rosés
Impreso en España

índice

Introducción

Lo mejor de ambos mundos

Miles de chicas, acompañadas de sus padres, se apiñan ante el escenario junto a unos cuantos chicos. Han venido a ver a su cantante favorita y no hay ni un asiento libre. Todos esperan emocionados y la tensión aumenta por momentos. ¿Cuándo empezará el concierto?

Por fin, las luces se apagan. La multitud grita al unísono: «¡Hannah! ¡Hannah!». Se oye la voz del presentador que pregunta: «¿Estáis listos para Hannah Montana?». La multitud grita aún más, agitando las bengalas en el aire. Desde detrás de la pantalla, la silueta de una chica comienza a cantar. Entonces aparece: ¡Hannah Montana! Lleva un brillante conjunto de camiseta y chaqueta de color plateado, relucientes *leggins* negros y botas. El título de la canción que canta Hannah le va como anillo al dedo: «Rock Star», y el público se pone como loco.

El espectáculo es genial, y Hannah se deja la piel en el escenario. E incluso cuenta con la participación especial del grupo de chicos que hacen que los corazones latan a cien: los Jonas Brothers.

Pero, un momento... ¡aún hay más! Cuando creen que el concierto ya se ha acabado, el presentador dice: «¿Estáis listos para Miley Cyrus?». Y allí está ella, alzándose desde el suelo del escenario. Ahora le toca dar caña a Miley. ¡Y es fantástica!

Capítulo 1

Una estrella del Sur

El 23 de noviembre de 1992, nació una estrella en Nashville (Tennessee). Sus padres la llamaron Destiny Hope «Esperanza del destino») porque estaban convencidos de que llegaría muy lejos. ¡Y no se equivocaban! Seguro que sus padres, Billy Ray y Leticia «Tish» Cyrus, estaban muy felices y más que orgullosos. Billy Ray era un famoso cantante de country, situado en los primeros puestos de las listas de éxitos, y en esos momentos disfrutaba de la gloria de su superéxito «Achy Breaky Heart». El nacimiento de su encantadora hija fue una gran alegría más.

Destiny era una niña alegre, y muy risueña. Su padre adoraba tanto su sonrisa que la apodó Smiley («Sonriente»), que en seguida dio paso a Miley. Y el apodo se impuso. Tanto su familia como sus maestros y sus amigos la llamaban Miley, ¡mucha gente ni siquiera sabía que su nombre real era Destiny! Por eso, Miley se cambió legalmente el nombre por el de Miley Ray Cyrus. Según E! Online, los padres de Miley presentaron la solicitud de cambio de nombre el 14 de marzo de 2008, en el Tribunal Superior de Los Ángeles. En la solicitud, escribieron: «Destiny Hope Cyrus suele ser llamada Miley Cyrus desde que era muy pequeña. El cambio de nombre se solicita para que el nombre que usa habitualmente coincida con su nombre legal».

Miley creció en Franklin, en el estado de Tennessee, una localidad con una historia muy interesante a las afueras de Nashville. Franklin se fundó el 26 de octubre de 1799, y le pusieron el nombre en honor a Benjamin Franklin. Durante casi 180 años, Franklin fue una ciudad muy tranquila. Pero durante la guerra de Secesión, la ciudad quedó arrasada. La batalla de Franklin, que se libró el 30 de noviembre de 1864, fue una de las más sangrientas de la guerra de Secesión. Se tardó mucho tiempo en reconstruir la ciudad, pero hoy vuelve a ser una de las ciudades más prósperas de Tennessee. De hecho, es una de las ciudades más ricas de todo Estados Unidos.

Como está muy cerca de Nashville, que es el epicentro de la música *country*, Franklin atrae a muchos visitantes. ¡La gente que vive en Franklin tiene lo mejor de ambos mundos! En la ciudad se mezcla el encanto de un pueblo con la sofisticación de una gran ciudad. Si visitaras Franklin, verías varios lugares conmemorativos y monumentos a la guerra de Secesión, así como hermosas casas victorianas de antes de la guerra. Además, hay montones de tiendas guays para ir de compras. Ya sabes que Miley se describe como una «adicta a las compras», ¡así que te puedes imaginar que a Miley le encanta esa parte de su ciudad!

Seguramente, como Franklin está tan cerca de Nashville, varios cantantes han decidido vivir allí. Josh Gracin, el cuarto finalista de la edición de 2003 de *American Idol*, el equivalente a *Operación Triunfo* de la tele de Estados Unidos, vive en Franklin con su esposa y sus hijos. Carrie Underwood, la cuarta campeona de *American Idol*, también vive allí. La banda de pop *punk/emo* Paramore también proviene de Franklin.

Miley tuvo una infancia muy feliz allí, donde vivía con toda su gran familia: su madre, su padre, sus hermanos mayores (Christopher por parte de padre y Trace y Brandi por parte de madre), y sus hermanos pequeños Braison y Noah Lindsey. Sí, no lo dudes, la casa de los Cyrus era un lugar de lo más animado, ¡con tantos niños corriendo por ahí!

Miley también tenía muchos animales: tres perros, dos gatos y siete caballos. Uno de sus pasatiempos favoritos era trenzarles la cola a los caballos, y eso es algo que echa mucho de menos desde que se fue a vivir a Los Ángeles. Desgraciadamente, ¡no puede tener a sus caballos en Tinseltown!

Los primeros años de Miley fueron bastante normales, ¡salvo porque su padre era un famoso cantante de *country*! Según la publicación británica *Times Online*, uno de los primeros recuerdos de Miley es subir al escenario con su padre en un concierto en homenaje a Elvis Presley, en el que la cogieron en brazos estrellas como Aretha Franklin.

Antes de convertirse en una estrella, Miley estudiaba en la Escuela de Secundaria Heritage, un colegio público de Franklin, donde compartía clase con otros alumnos. Ahora, Miley tiene un profesor privado, pues no le queda tiempo para ir y venir al colegio. Es lo ideal para su estilo de vida, ya que el profesor puede acompañarla y darle clases donde quiera que vaya. En el colegio, las matemáticas y la escritura creativa eran algunas de las asignaturas favoritas de Miley. Y no se puede negar que ha hecho buen uso de esas lecciones de escritura creativa: ¡ha escrito más de cien canciones!

Además, cuando estaba en el colegio, a Miley le encantaba cantar y bailar. Soñaba con llegar a actuar en Broadway algún día. Para conseguir experiencia ante el público, Miley decidió hacer las pruebas para entrar en el equipo de animadoras y en el grupo de baile. Y uno de los momentos en que más vergüenza pasó ocurrió justo el día que tenía la prueba para el grupo de baile de la escuela elemental. Se había puesto una falda vaquera y, seguramente porque estaba muy nerviosa debido a la prueba, comenzó a bailar por los pasillos del colegio. De repente, Miley se resbaló, ¡y la falda se le rasgó de arriba abajo! Miley se puso colorada como un tomate. Aunque su tutora pudo arreglarle la falda, llamaron a la madre de Miley, ¡lo que sólo consiguió que sintiera aún más vergüenza!

Al ser los hijos de Billy Ray, el clan Cyrus recibía muchísima atención, algo que resultó un buen entrenamiento que la preparó para toda la atención que pronto iba a recibir nuestra amiga. Sin embargo, Miley no es la única que sigue los pasos de su padre en el estrellato, también lo hace su hermana pequeña, Noah. Nacida el 8 de enero de 2000, la pequeña Noah Lindsey ya tiene un considerable currículum como actriz. Ha aparecido en cuatro capítulos de la serie de su hermana, *Hannah Montana*. En «Es un mundo de maniquíes», Noah hace el papel de una niña que está de compras. En «¡Dime! ¿Te acuerdas de la letra?», es una niña que está en la playa. En «Ruptura entre dos Hannahs», Noah vuelve a hacer de niña pequeña. Y en «Dinero por nada, culpabilidad gratis» hace de una niña que está en una piscina de bolas y pellizca a Lilly (como Lola) y a Miley (como Hannah). Noah también ha aparecido en seis episodios de la serie de televisión de su padre, *Doc*, donde ha representado el personaje de Gracie Herbert.

¡Billy Ray debe de estar muy orgulloso de sus hijas!

Capítulo 2

Algo más que el padre de Miley

Hasta que *Hannah Montana* apareció en televisión, Billy Ray era conocido principalmente por su canción de gran éxito «Achy Breaky Heart». No sólo era una canción de lo más pegadiza, sino que también fue la que empezó la moda del *line-dancing*. Pero si hoy preguntas a cualquiera menor de dieciséis años quién es Billy Ray Cyrus, te contestará: «¡El padre de Miley!».

Billy Ray nació el 25 de agosto de 1961 en Flatwoods, en el estado de Kentucky. Flatwoods es lo que llamaríamos una «ciudad dormitorio», lo que significa que no hay industria ni negocios importantes en el lugar. Es de esas poblaciones en las que la gente se desplaza a otro sitio para trabajar y vuelve por la noche. Flatwoods es un pueblo tranquilo y seguro, ideal para criar una familia.

Curiosamente, Flatwoods no era el nombre original

del pueblo. Primero se llamó Advance, por la Iglesia Metodista Avanzada (*Advance Methodist Church*). Más tarde su nombre pasó a ser Cheap, por John Cheap, el pastor metodista; pero, seamos sinceros, ¿quién querría vivir en un sitio llamado «barato» o «tirado», que es lo que quiere decir *cheap* en inglés? En 1938, volvieron a cambiarle el nombre, y desde entonces se llama Flatwoods. Flatwoods («Bosques llanos») es un buen nombre, porque había un bosque llano que atravesaba la ciudad.

Billy Ray creció en una gran familia. Su abuelo por parte de padre era un predicador pentecostalista. Su padre, Ronald «Ron» Ray cantaba en el grupo de gospel The Crownsmen Quartet. Y tanto la abuela materna como la madre de Billy Ray tocaban diferentes estilos de música *country*. Es fácil ver de dónde ha sacado Billy Ray su talento musical.

Los padres de Billy Ray se divorciaron cuando él tenía unos cinco años. Además de cantar, su padre era un político demócrata muy popular. En 1975, Ron fue elegido miembro de la Cámara de Representantes de Kentucky. Ron Cyrus sirvió en la Cámara un total de veintiún años, ¡fue elegido once veces consecutivas! Finalmente, en 1996 se retiró de la política. El 28 de febrero de 2006, Ron Cyrus murió de cáncer de pulmón. Sin duda, fue muy duro para Miley decir adiós a su abuelo. Para honrar su memoria, Miley ha participado en proyectos caritativos que ayudan a niños con cáncer.

Desde su infancia, Billy Ray soñaba con ser jugador de béisbol. Incluso llegó a ir al Georgetown College de Kentucky con una beca para jugar en el equipo, más que dispuesto a cumplir su sueño. Pero entonces se compró una guitarra y todo cambió. Billy Ray flipó con la música. Practicó como un loco y poco después, con su hermano Kevin, formó un grupo llamado Sly Dog.

A Billy Ray le gustaba tanto tocar en el grupo que acabó por olvidarse de su sueño de jugar al béisbol. Sin embargo, no se engañaba sobre la industria de la música, así que se dio diez meses para lograr dar su primer concierto. Si en ese tiempo no lo había conseguido, lo dejaría. Por suerte, justo antes de que acabara el plazo que él mismo se había impuesto, llamaron a Sly Dog para que fuera el grupo habitual de un club de Ironton, en Ohio. Estuvieron tocando allí durante dos semanas, hasta que un incendio acabó con el bar, ¡y con todo el equipo de Billy Ray!

Pero él no se rindió. Se marchó a Los Ángeles para tratar de hacer carrera en la música. Sin embargo, en seguida se dio cuenta de que Los Ángeles no es el mejor lugar para un cantante de *country*, así que volvió a casa. Desde Kentucky, Billy Ray iba y venía al lugar donde todos los cantantes de *country* intentan dar el salto a la fama: ¡Nashville! En Nashville, empezó a tocar por todas partes, con la esperanza de que alguien importante lo oyera y quisiera firmar un contrato con él para grabar discos. Por suerte, sí que lo oyó alguien. Fue Del Reeves, una de las estrellas del «Grand Ole Opry», el espectáculo más famoso de la música *country*. Del Reeves le presentó a Harold Shedd, de Mercury Records. Y en el verano de 1990, Billy Ray firmó un contrato con Mercury.

Sólo dos años después de firmarlo, Billy consiguió un gran éxito. «Achy Breaky Heart» vendió 9 millones de copias y estuvo diecisiete semanas en los primeros puestos de las listas de éxitos, un récord que aún no se ha superado. (Pero ¡ten cuidado, Billy, porque es posible que Miley te supere un día de éstos!) Las mujeres caían a los pies de Billy Ray. Con su famoso corte de pelo *mullet* —corto por delante y largo por detrás— y su cuerpo musculoso, Billy Ray tenía que sacarse de encima a las fans a golpe de guitarra (bueno, ¡no literalmente!).

A pesar de que el primer álbum de Billy Ray, *Some Gave All* (del que se extrajo el *single* «Achy Breaky Heart»), fue un superéxito, le resultó imposible mantenerse en la cúspide. Algunos dicen que parte del éxito de Billy Ray se debió a que estaba cachas y parte a que «Achy Breaky Heart» era muy pegadiza. Fuera cual fuese la fórmula, el padre de Miley nunca fue capaz de repetirla, y el mundo de la música pronto olvidó al pobre Billy Ray.

En 1993, Billy reapareció con un álbum llamado *It Won't Be the Last*. Llegó a estar en el número tres de las listas, pero se quedó muy por debajo de lo que se esperaba. Cuando, en 1994, se editó *Storm in the Heartland*, llegó a ser disco de oro, pero las emisoras *country* pasaron totalmente de él. Y cuando Billy Ray trató de regresar con *Trail of Tears,* en 1996, su público había disminuido aún más.

Mucha gente se habría quedado totalmente hecha polvo por este «fracaso», pero no Billy Ray. Pronto descubrió que había otra cosa que se le daba bien: actuar. «Lo hacía como hobby, por hacer algo, pero no me lo tomaba en serio —recuerda Billy Ray—. No me lo tomé en serio hasta unos cuantos años más tarde, cuando tuve la oportunidad de presentarme a una audición para *Mulholland Drive,* de David Lynch. David me contrató, y fue durante el rodaje de *Mulholland Drive* cuando me dijo en privado: "No soy tu agente ni tu mánager, así que no gano nada con esto. Pero como director, voy a decirte que podrías ser muy buen actor si quisieras".»

Billy Ray había seguido de cerca la carrera de otros dos cantantes, Dolly Parton y Kenny Rogers. Había visto cómo seguían trabajando para hacer realidad sus sueños, incluso cuando las emisoras de radio ya no ponían mucho su música. ¿Cómo lo habían conseguido? Se habían dedicado a actuar.

Siguiendo las huellas de esos dos colegas de profesión, Billy Ray se lanzó a la pantalla. Después de filmar *Mulholland Drive*, recibió un guión para una serie de televisión llamada *Doc*. Billy Ray leyó el guión, le gustó, hizo la prueba y ¡consiguió el papel! De 2001 a 2004, Billy Ray encarnó al doctor Clint Cassidy, un médico de Montana que trabajaba en una clínica de Nueva York.

Pero Billy Ray nunca olvidó su amor por la música. «Componer me resulta tan natural como respirar. Es lo que sé hacer. Actuar es algo que trato de aprender constantemente, cada vez que piso el plató.» Por eso, Billy Ray compuso la mayor parte de su nuevo álbum, *Wanna Be Your Joe*, que salió el 18 de julio de 2006, mientras filmaba *Doc*. Billy Ray escribió, solo o en colaboración, todas las canciones del álbum, al que describe como «mi álbum más personal hasta el momento». En el álbum, Miley canta con su padre en uno de los temas: «Stand».

Cuando se publicaron las críticas, quedó patente que Billy Ray aún tiene lo que hace falta tener. ¡A la gente le encantó el álbum! El comentario en Countrystarsonline.com fue como el resumen perfecto de todas las críticas: «Olvidaos del corte de pelo *mullet*. Olvidaos del famoso *line-dancing*. Olvidaos del pasado. Este Joe sigue haciendo música porque busca un significado que perdure, y no por la fama ni por aparecer unos días en las listas de éxitos. Y hay un montón de gente encantada de que sea así». ¡Billy Ray también estaba encantado!

Billy Ray pensó que ya había acabado su época de actor y había vuelto a la música para siempre. Pero entonces llegó *Hannah Montana*. Primero escogieron a Miley para la serie, y luego escogieron a su padre. «Esto es iniciativa de Miley —dijo Billy Ray al *New York Daily News*—. Se ha dejado la piel por lograrlo, y yo no quiero tener nada que ver con si consigue el papel o no. No quiero aparecer y entrometerme en su serie. Nunca he hecho comedia, y lo último que quiero es estropearle la serie.» No te preocupes, papá, ¡no le has fastidiado las cosas para nada!

Pero a Billy Ray no le fue tan fácil conseguir el papel del padre de Miley en la serie *Hannah Montana*. ¡Tuvo que hacer la prueba como cualquier otro! «Estaba muy nervioso —contó Billy Ray al *New York Daily News*—. Miley entró y leímos la escena juntos. Luego me hicieron salir ¿sabes? y estuve un rato sentado en el vestíbulo. Después me volvieron a llamar y repetí la escena. Y entonces me enviaron a casa.»

Al final, claro que consiguió el papel. «Les encantó la química que había entre mi padre y yo —explicó Miley al *New York Daily News*—. Fue fantástico, increíble.» En la serie, Billy Ray hace de Robbie, el padre y manager de Miley. El papel de Robbie está basado, de una manera muy libre, en su vida real. En la serie, Robbie también es un famoso cantante que ya no canta. ¿No te suena? ¡Y las escenas en que Robbie aparece como un cantante famoso son grabaciones auténticas de propio Billy Ray!

Actuar en una de las series de Disney Channel también ha conseguido que Billy Ray aumente su club de fans. Unos días después de que se emitiera el episodio «De gira de nuevo», en el que Billy Ray canta «I Want My Mullet Back» («Quiero recuperar mi *mullet*»), Billy Ray actuó en un concierto. «Miré a las gradas y vi a todos esos chicos con pelucas con corte *mullet* entre el público —contó Billy a OCALA.com—. Interrumpían las canciones gritando: "Billy, recupera tu *mullet*".»

Esa canción de Billy Ray, que está en su CD *Wanna Be Your Joe*, también suena en los estadios, sobre todo durante los partidos de la Liga Nacional de Hockey. El corte *mullet* se llama a veces «corte hockey», porque muchos de los grandes jugadores de hockey llevaban el pelo cortado así. ¡Últimamente Billy Ray recibe mogollón de llamadas de la Liga Nacional de Hockey para cantar el Himno Nacional en sus encuentros!

En 2007, Billy Ray fue invitado a participar en uno de los concursos más famosos de la televisión: *Dancing With the Stars*, la versión americana de *Mira quién baila*. En el programa, donde se empareja a las estrellas con bailarines profesionales, Billy Ray bailó con Karina Smirnoff. Billy Ray será recordado para siempre por sus poco convencionales «Bubba Chicken» y «Hillbilly Waltz». Billy Ray y Karina fueron la séptima pareja eliminada de la competición. Aunque no se llevó el gran premio, Billy Ray se lo pasó en grande durante el concurso. «Quiero dar las gracias a todos los fans. Habéis sido fabulosos —dijo Billy Ray al despedirse del programa—. Ha sido una experiencia fantástica.»

La experiencia de Billy Ray en el programa fue maravillosa, igual que la atención que recibió. Hacer de padre de Miley en *Hannah Montana* sin duda ha aumentado la popularidad de Billy Ray. Así que Walt Disney Records avanzó un mes la publicación de su último álbum, *Home at Last,* para sacarlo el 24 de julio de 2007. El álbum tuvo un éxito inmediato; durante la primera semana se vendieron unas 30.000 copias y llegó al número tres de las listas de éxitos. ¡La carrera musical de Billy Ray había vuelto a la vida y con mejor salud que nunca!

En 2008, Billy Ray participó en la recopilación *Country Sings Disney*, editada por Disney, con dos canciones: «Ready, Set, Don't Go» y «Real Gone» (compuesta por Sheryl Crow). También hizo un vídeo de «Real Gone», que se pasó muchas veces en Country Music Television.

Sin embargo, aunque Billy Ray haya vuelto a recuperar su carrera, está encantado de que Miley sea la gran estrella. «Solían hablar de Miley como la hija de Billy Ray Cyrus —explicó Billy Ray al *New York Daily News*—. Ahora hablan de mí como el padre de Miley Cyrus.»

Capítulo 3

Madera de estrella

Desde el principio, Miley tenía madera de estrella, y ya de muy pequeña le cogió el gusto al escenario. «Cantaba en el escenario con mi padre cuando tenía dos años —contó Miley al *San Diego Union-Tribune*—. Cantaba "Hound Dog" y canciones tontas sólo para divertirme.»

Aunque cantar canciones cursis con su padre no le consiguió un contrato con una discográfica, seguro que esas tempranas actuaciones le enseñaron a sentirse cómoda delante del público. Esa práctica infantil la ayudó a convertirse en la Miley segura, abierta y divertida que hoy conocemos y queremos. Y Miley también aprendió mucho escribiendo canciones con su padre. «Desde que era pequeña, Miley y yo hemos escrito canciones juntos», dijo Billy Ray al *Associated Press*.

Pero todo eso no convirtió a Miley en una estrella del pop de la noche a la mañana. Recordad que cuando Miley era un bebé, su padre estaba en los primeros puestos de las listas de éxitos. Pero luego, la carrera musical de Billy Ray decayó, y tuvo que empezar a actuar. ¿Y sabéis qué? ¡Miley también se interesó por la actuación! De tal palo, tal astilla.

Miley empezó a tomarse en serio lo del espectáculo cuando tenía unos nueve años. En esa época, la familia se había ido de Franklin, en el estado de Tennessee, y vivía en Toronto, en Canadá, donde se filmaba la serie de televisión *Doc,* en la que actuaba su padre.

Vivir en Toronto era muy diferente de vivir en Tennessee. Para empezar, ¡allí hace mucho frío! Toronto es la ciudad más grande de Canadá; también es la capital de la provincia de Ontario. En Toronto viven unos dos millones y medio de personas, lo que la convierte en la quinta ciudad más poblada de América del Norte. Como ves, ¡Toronto es mucho, mucho más grande que Franklin! Por supuesto, a Miley le dio pena dejar a sus amigos de Franklin, pero también le atraía vivir en Toronto porque es una ciudad muy animada. Muchas películas y series que pasan en Nueva York en realidad están filmadas en Toronto, porque se parece mucho a la Gran Manzana. Posee un distrito financiero muy grande con enormes rascacielos, y además Toronto es famosa por su ambiente creativo, que incluye montones de teatros, arte y música. Y claro, ¡hay mogollón de tiendas para ir de compras!

Cuando Billy Ray consiguió el papel de Clint «Doc» Cassidy en la serie de televisión *Doc*, lo más normal era que la familia se mudara a Toronto, donde se rodaba la serie. *Doc* es la historia de un guapo médico rural de Montana que consigue un trabajo en la Clínica Westbury, un pequeño centro médico de la ciudad de Nueva York. El estilo directo y sin pijadas de Clint y la amabilidad con que trata a la gente le ayudan a ganarse a sus pacientes. Mientras tanto, tiene que superar problemas con otros médicos y con el sistema sanitario en general. Pero Clint consigue ser siempre fiel a sus convicciones.

Doc se emitió en la cadena PAX desde el 11 de marzo de 2001 hasta el 1 de noviembre de 2004. Se vio en más de cuarenta países de todo el mundo. Y en uno de los episodios, el sexto de la cuarta temporada, Miley era la estrella invitada. El episodio, titulado «Men in Tights» («Hombres con medias»), se emitió por primera vez el 10 de noviembre de 2003. En él, Miley hacía de una niña llamada Kylie.

Aunque Miley únicamente salió en un episodio de la serie de su padre, mientras vivían en Toronto se esforzó mucho para hacer realidad su ilusión de ser actriz. «Era decidida, diligente y perseverante —explicó Billy Ray al *San Diego Union-Tribune*—. Mientras vivimos en Toronto, ella contó con los mejores profesores, trabajó mucho para aprender a actuar, fue a audiciones e hizo todo lo que podía hacer para conseguir su objetivo.» Y seguramente, Miley aprendió muchas cosas sobre cómo actuar viendo a su padre. Seguro que todas las horas que pasó en el plató mientras su padre filmaba la serie de televisión animaron a Miley a seguir intentando alcanzar su sueño.

En 2003, toda esa preparación tuvo su recompensa, cuando Miley apareció en la gran pantalla en la peli *Big Fish* de Tim Burton. Aunque en los créditos sale como Destiny Cyrus, ¡era Miley la que salía en pantalla! Esta película es la historia de un hijo que está tratando de saber más cosas sobre su padre, que se está muriendo, y para conseguirlo revive las historias y los mitos que su padre le había contado sobre sí mismo. Miley tenía un papel muy pequeño. Hacía de Ruthie, una niña de ocho años. A Miley sólo se la veía durante un momento, pero aun así probó lo que era actuar en una gran producción, y al instante quiso repetirlo.

Unos años después, cuando Miley tenía once años, hizo una prueba para una serie de Disney Channel. Los ejecutivos de la cadena estaban buscando a alguien que supiera actuar y cantar: ¡lo mejor de ambos mundos! «Decidimos que no haríamos la serie hasta que encontráramos a una niña que pudiera actuar tan bien como cantar», explicó a *MusicWorld* Gary Marsh, el presidente de entretenimiento de Disney Channel. Hicieron audiciones a un montón de chicas que podían actuar tan bien como Miley, pero ninguna de ellas pudo igualar su carisma. «Hice un mogollón de pruebas —contó Miley a *USA Today*—. Al principio me dijeron que era demasiado pequeña.» Por suerte para Miley —y para nosotros—, el canal esperó a que Miley creciera.

Según Gary Marsh, en Miley «vimos a una chica que tenía una vivacidad natural. Disfruta de cada minuto de su vida. Se nota por cómo actúa y cómo se comporta».

Disney supo que habían encontrado a su chica, así que le ofrecieron el mejor papel de su vida: ¡Hannah Montana!

Capítulo 4

La magia de Disney

Disney Channel ha desarrollado una fórmula de éxito: fantásticas series para niños y adolescentes. Siempre han sabido reconocer el talento en potencia, y muchas estrellas, entre ellas Britney Spears, Justin Timberlake, Hilary Duff y Christina Aguilera, empezaron gracias a Disney. Disney también ha ayudado a lanzar las carreras en el pop de 'N Sync, Backstreet Boys y Jessica Simpson, por medio de sus conciertos televisados.

Sin duda, Disney sabe cómo elegir estrellas, pero lo que realmente hace que sus series sean un éxito es que despiertan la imaginación del espectador. Por ejemplo, cojamos *Es tan Raven*. Cuenta la historia de una adolescente normal y corriente, Raven Baxter. Raven pasa por las típicas situaciones y los mismos líos que cualquier otra adolescente, pero hay algo más:

tiene poderes paranormales. ¿Y no sería guay tener poderes? Es una fantasía que tiene un montón de gente. Todo el mundo tiene deseos y fantasías secretas, así que ¡las series que exploran esos deseos y fantasías resultan muy divertidas!

Sin embargo, aparte de por su fantasía, las series de Disney Channel tienen tanto éxito porque presentan personajes con los que los chicos y las chicas pueden identificarse, personajes que al espectador le gustaría tener como amigos. «Básicamente, sabes que has dado con un buen personaje cuando los chicos dicen: "¡Tío, sería genial tener colegas como ellos!" —explicó a *USA Today* el productor ejecutivo de *Hannah Montana* y *Es tan Raven*, Michael Poryes—. Ése es el auténtico secreto de Disney Channel. Nos interesa la realidad y la verosimilitud, lo que de verdad les pasa a los adolescentes: "Ese tío va a romper con mi amiga. ¿Qué voy a hacer?".»

Disney Channel también ha tenido un gran éxito con las películas hechas para televisión, como *The Cheetah Girls* y *High School Musical*. Esas pelis combinan buenas historias, que pasan en el instituto, con la música.

¡Es genial! Y los CD de esas pelis han vendido millones de copias y han arrasado en las listas de éxitos. Disney ha tenido un éxito increíble con sus series de televisión, como *Es tan Raven, Lizzie McGuire* y *Hotel, dulce hotel.* Pero Disney aún quería más.

Entonces entra en escena *Hannah Montana. Hannah Montana* es la historia de Miley Stewart, una chica de catorce años de Tennessee que se va a vivir a Malibú, en California, con su padre viudo, Robbie, y su hermano Jackson. Parece la típica historia adolescente, ¿verdad? Bueno, pues esta adolescente tiene una doble vida: también es la sensación internacional del pop Hannah Montana. ¿Cómo consigue Miley ocultar su identidad como estrella del pop? Muy fácil: se pone una peluca rubia cuando es Hannah, y es «ella misma» como Miley. Vale, hay que hacer un poco de esfuerzo para creérselo, ¡pero funciona! La mayor parte de la serie se centra en cómo Miley trata de vivir su vida como una chica normal. Hay muchas risas, tensión, conflictos, y ¡música, claro! Miley, en su papel de Hannah, canta todas las canciones de la serie. *Hannah Montana* también transmite un mensaje: no hay que confundir la fama con la vida real. Sólo se puede ser feliz si se es fiel a uno mismo. Ése es el mensaje principal, y es un mensaje que Miley entiende muy bien.

Rebobinemos un momento: Disney tenía una gran idea y además quería transmitir un gran mensaje. Pero encontrar a la chica adecuada para el papel principal les llevó mucho tiempo. Gary Marsh hizo las habituales audiciones en Los Ángeles y en Nueva York, pero no encontró a nadie que clavara el personaje. Marsh quería dar con alguien que pudiera actuar en una comedia y también cantar, además de ser lo que él llama «una chica accesible y con la que te puedas identificar». Básicamente, buscaban a alguien a quien todos quisieran tener como amiga, pero que también supiera actuar y cantar.

Entonces, un día les llegó una grabación. Era de una tal Miley Cyrus, de once años, que vivía en Tennessee. Sabemos que, en ese momento de su vida, Miley no tenía apenas experiencia como actriz, pero sí que tenía el gusanillo de actuar metido en el cuerpo. Miley explicó a *Scholastic News* que supo que quería actuar «después de ir al plató con mi padre, al ver el ambiente y toda la diversión, la alegría y el apoyo que se respiraba. Es genial ver a todos trabajando en equipo para hacer la serie. Están todos juntos y es como si fueran una gran familia; es fantástico estar allí». Los ejecutivos pidieron a Miley que actuara ante ellos. Ella entró en una sala con quince personas, sin duda con una gran sonrisa y mogollón de confianza. Y entonces cantó. En ese momento, fue evidente que tenía que ser ella.

Aunque Miley sabía que quería actuar y Disney pensaba que ella era la mejor para el papel, no se sentían cómodos contratando a alguien tan joven. No importaba que su padre fuera una estrella. No importaba que ella tuviera un gran talento por desarrollar. Disney quería experiencia, y eso era lo único que Miley no podía darles. Por suerte, Disney esperó. Dejaron la idea en el aire hasta que Miley tuvo unos años más.

Cuando Miley entró a formar parte de la serie, cambiaron unas cuantas cosas. Originalmente, el personaje se iba a llamar Chloe Stewart y su nombre como estrella del pop iba a ser Alexis Texas. Sin embargo, a Miley no le convencía nada lo de Alexis Texas. ¡Fue ella

la que sugirió que cambiaran el nombre por Hannah Montana! Pero fueron los peces gordos de Disney los que cambiaron Chloe por Miley. Cuando *Times Online* le preguntó a Miley por qué creía que lo habían hecho, ella contestó: "Pensaron que yo era como el personaje y que el personaje se parecía mucho a mí, porque es muy divertida y atrevida y no se preocupa por nada. Y yo también soy así. Lo que ves es lo que hay. No me preocupo por las cosas, sólo me gusta hacerlas. —Miley continuó—: Ella no quiere ser alguien que tenga éxito sólo en el presente. Quiere seguir y seguir en el futuro».

¡Y Miley siguió y siguió! A los productores y a los peces gordos de la cadena les encantó cómo actuaba Miley. Pensaban que era una chica segura, pero sin ir de chula, y su sentido cómico era genial. Y también fliparon con su voz aterciopelada al cantar. «Tiene la cotidianidad cercana de Hilary Duff y la presencia en el escenario de Shania Twain, y ésa es una combinación explosiva», dijo Gary a los reporteros.

Aunque los ejecutivos estaban convencidos de que Miley era la chica perfecta para el papel, aún tenían que venderla a los anunciantes, y lo más importante, a los espectadores. Así que Disney organizó un concierto en el Alex Theater de Glendale, en California. Lo que pasó fue esto: invitaron a setecientos niños y adolescentes al concierto, y les dijeron que tendrían la posibilidad de salir por la tele. Un concierto gratis más la posibilidad de salir por la tele ¿quién iba a negarse?

Miley sólo tuvo cuatro días para prepararse. Curró de lo lindo con un profesor y un coreógrafo para dominar seis canciones a la perfección.

La noche del concierto, el teatro estaba a tope. Seguro que Miley estaba de los nervios y le latía el corazón a mil. Pero cuando subió al escenario, como Hannah Montana, ¡el público se puso como loco! La reacción sorprendió a todos, y ¡especialmente a Miley! «Era una locura, porque me esperaba que hubiera un silencio de muerte —explicó Miley—. No tenían ni idea de quién era Hannah Montana.»

Disney había vendido *Hannah Montana* a los espectadores; ahora les tocaba hacer lo mismo con los anunciantes. A principios de la primavera, las cadenas de televisión muestran su próxima temporada a los anunciantes. Esto se llama un *upfront*. Durante el *upfront*, los ejecutivos de televisión tienen que convencer a los anunciantes de que sus series van a ser un éxito. Como los anunciantes quieren que sus anuncios los vea mucha gente, es normal que quieran aparecer en una serie de éxito. Muchos espectadores quiere decir montones de compradores en potencia para sus productos. Una serie de televisión no puede sobrevivir sin anunciantes. Todo depende del dinero. Los anunciantes pagan a las cadenas para que saquen sus anuncios; las cadenas necesitan el dinero para conseguir beneficios. Después de que los anunciantes vieran el «concierto» de Hannah Montana, se convencieron de que iba a ser un éxito y firmaron.

Fue un buen paso. *Hannah Montana* se emitió por primera vez el 24 de marzo de 2006 y ¡fue un éxito inmediato! Vale, contó con un poco de ayuda porque lo pasaron justo antes de una repetición de *High School Musical*, y porque Corbin Bleu (famoso por *High School Musical*) era la estrella invitada en el primer episodio. Pero al final, el episodio lo vieron 5,4 millones de espectadores. Miley supo en seguida que *Hannah Mon-*

tana sería un éxito. «¡Estaba en Google cada cinco segundos, recibiendo Alertas Google! Lo mismo que hago con mis discos», admitió Miley a un reportero de *Times Online*.

Disney, Miley y cientos de fans supieron que *Hannah Montana* era un éxito, y que iba a seguir siéndolo. Desde entonces, *Hannah Montana* tiene más de 3,5 millones de fieles espectadores, regularmente, lo que la convierte en la serie más popular entre los adolescentes.

¡Disney lo había logrado otra vez!

Capítulo 5

¿Así que quieres ser una estrella del pop?

Molaría ser una estrella del pop, ¿verdad? Piensa en toda la fama y en las cosas fantásticas que podrías comprar con el dinero que ganarias, en los lugares increíbles a los que podrías ir. Piensa en los fans que te seguirían todo el tiempo, cuando comes, cuando estás de compras, cuando estás tratando de relajarte. Tienes que ser amable con tus fans; estás obligada a dales un autógrafo. Después de todo, sin tus fans no eres nada, ¿no? Aunque estaría bien tener un rato tranquilo de vez en cuando.

La historia de *Hannah Montana* trata de la importancia de disfrutar de todas las ventajas de una estrella del pop, pero seguir siendo capaz de tener una vida normal. «Va de una estrella del rock que lo que quiere es estar con sus amigos y su familia, y ser una chica normal, y trata de disfrazarse y ocultar a la gente que es una estrella, porque se supone que es normal —explicó Miley a *Time for Kids*—. Así que se disfraza; se pone una peluca y un montón de maquillaje. Al final mantiene a sus amigos, pero también tiene una vida secreta como estrella del rock.» Pero *Hannah* es más que una serie sobre una chica que tiene una doble vida. La serie habla de algo con lo que muchos chicos y chicas pueden identificarse: de querer ser otra persona, y al mismo tiempo currártelo mucho para mantener tu propia identidad.

En el primer episodio de Hannah Montana, «Lilly, ¿quieres saber un secreto?», Miley Stewart acaba de mudarse a la elegante Malibú, en California, desde un pueblo perdido de Tennessee. Miley Stewart es la típica chica de catorce años que en seguida se hace muy amiga de una chica llamada Lilly. Todos los chicos y chicas de su edad están locos por la estrella Hannah Montana, y les fastidia que no queden entradas para el concierto de Hannah. Entonces, Lilly consigue dos entradas e invita a Miley a ir con ella. El único problema es que Miley es Hannah Montana. ¿Cómo puede estar en el escenario y en el público al mismo tiempo? Miley no quiere contarle su secreto a Lilly, porque teme que su amistad cambie. A Miley le gusta mucho su amistad, pero tiene miedo de que si Lilly descubre su identidad, empiece a tratarla como a una estrella en vez de como la buena amiga que es. Ése es un dilema que pueden tener muchos adolescentes. Desean que sus amigos los quieran por cómo son en realidad; no quieren que sean amigos suyos, por ejemplo, porque su familia tenga mucho dinero, o porque tengan un familiar famoso, o por la forma en la que visten.

Pero cuando Lilly se cuela en el vestuario de Hannah, acaba descubriendo que Miley es en realidad Hannah Montana. ¡Vaya sorpresa que se lleva Lilly! La chica se cabrea mucho porque Miley no le ha contado la verdad; después de todo es su mejor amiga, y se supone que las mejores amigas se lo cuentan todo, ¿no? Pero al final, Lilly y Miley lo arreglan y Lilly le promete a Miley guardar su secreto.

Guardar secretos es algo que todo el mundo debe hacer en un momento u otro. A veces son difíciles de guardar y siempre tenemos miedo de que se nos escapen de alguna manera. Tener secretos (y guardarlos) forma parte de madurar. A veces hay que guardar secretos sobre quién te gusta o sobre quién le gusta a tus mejores amigos. Otras veces hay que guardar secretos sobre los regalos que has comprado o sobre los regalos que otros te han comprado a ti...

Algunas personas son muy buenas guardando secretos. Otras, en fin, no son tan buenas para eso. Miley Stewart y Hannah Montana son geniales guardando secretos, pero ¿y Miley Cyrus? No tanto. Cuando le preguntaron en qué se parecía la Miley real a la Miley de la tele, Miley le contestó a Girl.com.au: «Las diferencias son lo más fácil: ¡yo no soy nada buena guardando secretos! Si tienes algún secreto, ¡no me lo cuentes! ¡Me acordaré de repente y querré contarlo! O me entrarán ganas de decirle a mi madre: "¿A que no sabes una cosa?".»

No es ningún secreto que *Hannah Montana* ha sido un éxito enorme. El primer episodio consiguió la mayor audiencia que Disney había logrado nunca con una serie original. En la temporada 2006, entre los espectadores de dos a once años, *Hannah Montana* sólo estaba detrás de *American Idol* como el programa más visto.

Miley alucinaba teniendo el papel de protagonista en una serie tan famosa, y ha disfrutado de cada minuto que ha trabajado en ella. Miley se lo ha pasado en grande, pero también ha tenido que currárselo mucho. No sólo tiene que pasar montones de horas en el plató, sino que ¡tiene que hacer dos papeles! «Lo que tienes que hacer es concentrarte mucho», explicó Miley a *KnoxNews*. Uno de los momentos favoritos de Miley durante la primera temporada de la serie fue cuando trabajó con la estrella de la música *country* Dolly Parton. Miley hacía años que conocía a Dolly, pero sólo como amiga de su padre. (Billy Ray y Dolly habían actuado juntos varias veces.) Pero ahora Miley iba a trabajar con ella de igual a igual, ¡y estaba flipando! En el episodio «Señorita Dolly, Bien, ¡Caramba!», Dolly Parton hace de la tía de Miley. La tía Dolly le da a Miley un montón de consejos sobre su vida amorosa y casi le fastidia la cosa a Miley con el chico que le gusta, Jake Ryan. Miley, que llama a Dolly «tía Dolly» en la vida real, se lo pasó en grande conociendo más a Dolly, y ahora están muy unidas.

Eso de que alguien esté a punto de anunciar quién es tu amor secreto es algo con lo que muchas chicas se pueden identificar. De hecho, muchos de los episodios de *Hannah Montana* ofrecen lecciones importantes sobre la vida. Seguro que te has encontrado con alguna de estas situaciones en tu día a día:

Amor no correspondido: En «Miley, toma tu goma», Oliver, el amigo de Miley está pillado por Hannah Montana. Claro, Hannah no siente lo mismo. Miley y Lilly tratan de hacer que se le pase, pero no hay manera. Así que Miley le confiesa que ella es Hannah Montana. Se acabó el cuelgue. Pero en la segunda temporada, en el episodio «El corazón dolorido de Jake», cuando Miley finalmente le confiesa su doble identidad al chico que le gusta, Jake Ryan, él la acepta como es y empiezan a salir como pareja.

Desobedecer a los padres: En «Papá, no te olvides de mamá», Miley y Jackson están locos por ver a Ashton Kutcher en el estreno de su película. Pero su padre les dice que no pueden ir. Como no se quieren perder esa oportunidad, Miley y Jackson se escapan, ¡pero su padre los pilla!

Mentir a tu mejor amiga: En «Es mi fiesta y ¡miento si quiero!», Miley miente a Lilly sobre ir a una fiesta. Pero cuando los periodistas pillan a Hannah Montana en el sarao, Lilly se entera. Y claro que le duele, pero al final, las verdaderas amigas se reconcilian.

Tratar de hacer parejas: En «¡Ooops! Me entrometí otra vez», Miley y Lilly tratan de enrollar a Oliver con una chica del instituto llamada Becca, pero no es fácil. Las cosas se van complicando cuando las chicas se entrometen cada vez más en los asuntos de los enamorados.

Ser vanidosa: En «Eres tan vanidosa que probablemente crees que esta espinilla va contigo», Lilly tiene que ponerse gafas justo antes de una gran competición de *skateboard*, y a Miley le sale un enorme grano que se ve en la foto de su póster.

Olvidar que tu mejor amiga es más importante que el chico que te gusta: En «Más que un zombi para mí», Miley le dice que no a Jake Ryan cuando éste la invita a ir a bailar. Pero cuando Miley se entera de que Lilly ha aceptado ir con Jake, decide robarle al chico. Como es lógico, hace daño de verdad a Lilly, pero al final se da cuenta de que ningún chico debe interponerse entre una chica y su mejor amiga.

Pasar alguna vez de los deberes del cole: En «Arriba, a estudiar-ar-ar-ar», Miley está tan metida en la gira que va a hacer por Europa que pasa de los estudios. La cosa se pone tan fea que su padre la amenaza con cancelar la gira si no aprueba el examen de biología. Al final, con la ayuda de una canción y un baile (que repite para ayudarse a memorizar), y de sus colegas, Miley aprueba y hasta saca buena nota.

Miley ha aprendido mucho, desde que empezó haciendo audiciones hasta llegar a protagonizar *Hannah Montana*. «Era una niña bajita y delgaducha con una voz áspera, que parecía la voz de un camionero. Hacía que te fijaras en ella», contó a *Variety* Adam Bonnett, el vicepresidente de la programación original de Disney Channel. Los productores de la serie han dejado que el personaje de Hannah Montana crezca con Miley. Cuando los guionistas supieron que Miley, al cumplir los dieciséis años, estaba loca por aprender a conducir, «se inspiraron para escribir un episodio en el que Miley Stewart va a hacer el examen de conducir y lo suspende —explicó Bonnet. Y continuó diciendo—: Entonces la protagonista se da cuenta de que si vuelve como Hannah Montana, la aprobarán porque es Hannah Montana; todo eso surgió gracias a las ganas de Miley por ponerse al volante».

En la serie, Miley tiene que ir pasando de ser Miley Stewart a ser Hannah Montana, ¡algo que puede resultar muy confuso! En la vida real, hay veces en que los personajes de Miley también confunden a sus fans. No saben si llamarla Miley o Hannah. Al fin y al cabo, las dos son ella, ¿no? Bueno, más o menos. La persona real es Miley Cyrus. Hannah Montana es de ficción. Pero cuando Miley está de gira, es Hannah, así que realmente no le importa cómo la llaman sus fans. Supone que la llaman por el nombre del personaje que más les gusta o con el que se sienten más identificadas. Si les gusta más la chica abierta y glamurosa que sube al escenario, entonces la llamarán Hannah. Si por el contrario, se identifican más con la chica normal, la que sólo quiere ser como sus amigas, entonces la llamarán Miley.

A veces, la vida puede ser un poco confusa para Miley. Pero hay algo que está claro: ¡es toda una estrella!

Capítulo 6

Fama y fortuna

Cuando MediaVillage.com preguntó a Miley Cyrus si pensaba que *Hannah Montana* iba a ser realmente popular, Miley contestó: «Eso espero. En la serie, Hannah es muy famosa, como una Hilary Duff de la televisión. Espero que guste a todos. Es una gran persona». Bueno, pues las «esperanzas» de Miley se han hecho realidad. *Hannah Montana* es un gran éxito. Pero ¿cómo ha cambiado la vida de Miley desde que es una súper estrella? Pues en muchos sentidos.

Para empezar, Miley y su familia viven ahora en Los Ángeles. «Todo es completamente diferente —contó Miley a la revista *Discovery Girls*—. Vengo de un pueblo cerca de Nashville, en Tennessee, donde todo era normal y corriente. Y entonces, de repente, todo es completamente opuesto. ¡He pasado de vivir a cámara lenta a vivir a mil por hora!»

¡Cuánta razón tiene! Los Ángeles no se parece en nada a Franklin, la ciudad natal de Miley. Y aunque Miley ya había probado la vida de ciudad cuando vivía en Toronto, nada puede compararse a Los Ángeles. Es la ciudad más poblada del estado de California, ¡en ella viven más de 3 millones de personas! También acoge importantes centros culturales, industrias científicas y tecnológicas, y claro, es el lugar donde se hacen las películas, las series de televisión, la música y las carreras de las estrellas.

¡Sin duda, Miley ha hecho carrera en Los Ángeles! Cuando Miley alcanzó la fama, su familia decidió que todos necesitaban más espacio, ¡y más intimidad! Así que en agosto de 2007, la familia Cyrus se trasladó a una mansión de estilo mediterráneo en una zona residencial cerrada. La casa tiene cinco dormitorios, seis cuartos de baño, una estupenda cocina, un comedor, un salón, una sala de estar, una biblioteca, una sala de proyecciones y un gimnasio.

Algunas personas pueden creer que no es justo que su familia consiguiera la hermosa mansión gracias al dinero de Miley. Otras pueden pensar que la opción tiene mucho sentido. Pero lo cierto es que Miley estaba encantada de comprar una casa para toda la familia. A fin de cuentas, sin su apoyo ella no tendría una carrera artística. Además, los padres de Miley se aseguraron de que su hija tuviera suficiente espacio en la nueva casa: Miley cuenta con una gran suite, en la que hay un dormitorio y un salón, todo para ella. Es donde Miley «puede relajarse», dijo Tish a la revista *People*. A cambio, Miley ha prometido vivir en casa hasta los veinte años. Con todo ese montaje, ¿quién querría marcharse?

«Nuestra casa es divertida —explicó Miley a InStyle.com—. Tiene partes muy modernas, pero en esencia es una casa de campo italiana.» Al decorar su habitación, Miley y Tish se inspiraron en el Hotel Viceroy, un establecimiento súper *cool* de Santa Mónica. Las paredes de la suite están pintadas de azul marino y las lámparas tienen coral dentro. Sobre la cama de Miley cuelga una bonita lámpara de concha. «Es como playero y Hollywood antiguo. Me encanta la distribución de la habitación», dice Miley. La suite es el lugar perfecto para descansar después de un largo día de trabajo, y también para estar con amigas como Mandy Jiroux y Ashley Tisdale.

Cuando Miley se trasladó a Los Ángeles y comenzó los agotadores horarios de filmar una serie de televisión, tuvo que dejar el colegio. Ahora pasa unas tres horas al día con un tutor para poder seguir con sus estudios. Miley contó a la revista *Teen* que absolutamente todo había cambiado desde que su familia fue a vivir a Los Ángeles. «Todo es muy diferente, porque yo soy de un pueblo, y de eso a vivir en Hollywood... ¡Esto es todo lo contrario! Fue duro, pero mola poder vivir mi sueño y todas las cosas que me están pasando.»

Miley se dio cuenta realmente de lo mucho que había cambiado su vida cuando su hermana pequeña, Noah, le dijo que había entrado en un concurso de la *web* de Disney Channel donde regalaban unos pases para el *backstage* de un concierto de la nueva estrella de la cadena: Miley Cyrus. «¡Pero si vives conmigo!», le dijo Miley a su hermana. Y luego, según el *New York Times*, Miley advirtió a su hermana que no cogiera nada de su cuarto para venderlo en eBay.

Un objeto de Miley Cyrus seguramente valdría una pasta en eBay. Los fans alucinan sólo con verla. «La última vez que fui con mi madre [al centro comercial], resultó no ser tan buena idea —explicó Miley a MSNBC.com—. La gente entró a saco en la tienda donde estábamos, y tuvieron que cerrar las puertas hasta que todos se fueron. Fue una locura.»

Una locura, pero cierta. Miley es una estrella de las «grandes». Pero aunque es superfamosa, Miley no ha perdido su encanto de persona auténtica ni su acento de Tennessee. Miley es el tipo de chica que te encantaría tener como amiga. Es leal y sincera, y muy divertida. Lo cierto es que se parece mucho al personaje de Miley Stewart que representa en la tele.

Cuando *Scholastic* pidió a Miley que describiera a Miley Stewart y a Hannah, esto fue lo que dijo: «Miley es como yo, pero también es como cualquier otra chica que está pasando por toda la historia del amor, la amistad y la familia. Y a la vez está tratando de soportar la presión de ser una superestrella universal. Todos quieren a Hannah, pero ella sólo quiere estar con sus amigos y su familia».

Miley entiende que los fans idolatren a Hannah. Después de todo, ella misma también tiene unos cuantos ídolos: Beyoncé, la conmovedora cantante principal de Destiny's Child y potente artista en solitario, es una de ellos. A Miley le encantaría tener una carrera tan fabulosa como la de Beyoncé. Otra estrella a la que Miley admira es Raven, de la serie *Es tan Raven*, de Disney Channel. Miley piensa que Raven es una persona encantadora, ¡y de lo más divertida! Miley también es una gran seguidora de Hilary Duff. ¡Toda la familia de Miley adora a Hilary! Miley piensa que mola que Hilary comenzara con *Lizzie McGuire* a la misma edad que ella empezó a salir en *Hannah Montana*. «La forma en que estoy llevando mi carrera y todo eso sigue un poco sus pasos —explicó Miley a un periodista en el plató de su serie—. ¡Y ver cómo ha crecido como cantante y actriz también me ayuda!»

Miley tiene otro ídolo que la mayoría de sus fans nunca adivinarían: ¡la Juez Judy! ¡Miley flipó en colores cuando la conoció! «¡Es mi ídolo! Fue como: "Por Dios, ¿y qué le digo? ¡Estoy tan nerviosa! ¿Y si piensa que soy un bicho raro?".» Pero la Juez Judy fue muy amable con Miley y no tuvieron ningún mal rollo. Después de ese encuentro, Miley sabe de verdad lo que sienten sus fans cuando la conocen.

Si lo piensas bien, la vida de Miley Cyrus se parece bastante a la del personaje que representa en la pantalla. Miley Cyrus trata de superar la presión de ser una gran estrella, y en el fondo sigue siendo una chica normal. Miley aún tiene que hacer tareas en casa, como limpiar su habitación, hacerse la cama o llenar el lavavajillas. Y todos los domingos, va a la iglesia con su familia.

Claro que Miley no siempre es perfecta. Como muchos adolescentes, a veces se mete en líos por replicar a sus padres. «Cuando llego a casa, no estoy de humor para aguantar a mi hermano o a mi hermana pequeña, así que suelo hablarles mal», confesó Miley a la revista *Popstar!* Como la adolescente que es, Miley insiste en que no es culpa suya, ¡empezaron sus hermanos! Y, como le pasa a cualquier chica de su edad, cuando se pasa de la raya, la castigan sin salir.

A ella le parece bien, porque en realidad quiere que la traten como a cualquier otra adolescente. No quiere que sus seguidores la teman sólo porque es una estrella. Miley, y nos referimos a Miley Cyrus, la actriz, no tiene ninguna personalidad secreta tras la que esconderse. Y nunca se esconde de sus fans, porque le encanta verlos. «No quiero que me traten diferente —explicó Miley a la revista *Girls' Life*—. No quiero ser alguien a quien no puedan saludar. Quiero que puedan acercarse a mí y hablarme. Me encanta.» Miley quiere que todos sus fans tengan la oportunidad de hacerse una foto con ella o conseguir su autógrafo. Así que la próxima vez que la veas, ¡no te olvides de saludarla!

Sin embargo, hay veces que puede ser un poco agobiante que la reconozcan todo el tiempo. Hace unos años, Miley podía estar en el centro comercial o ir a ver una peli tan tranquila, porque sólo una o dos personas la reconocían. Hoy, cuando Miley sale a la calle, la reconocen al instante. Se le acabaron los días de salir de compras a sus anchas o de ir a relajarse al cine. Una vez, fue al parque temático de los Universal Studios con su hermano y una amiga, y la reconocieron inmediatamente. «Fue de locos —confesó Miley a un reportero—. Me seguía un mogollón de gente en todas las atracciones. Después de montarme en una, me entraron ganas de vomitar, y todos se pusieron en plan: "¡Hannah Montana está a punto de potar!".» Una cosa es segura: cuando eres una estrella, tienes que estar dispuesto a sacrificar tu intimidad.

Miley ha tenido algunas experiencias rarísimas con sus fans. A un reportero del *Time for Kids* le explicó que recibe un montón de cartas que dicen: «¿Te importa pasarle esta carta a tu amiga Hannah Montana?» o «¿Dónde está tu amiga Miley?». «¡Pero si somos la misma persona!» ¡Al parecer, hay gente que piensa que Miley y Hannah son dos personas diferentes!

La mayoría de fans se volverían locos por conocer a Miley, y harían lo que fuera por un autógrafo o una foto con ella. Pero hay algunos que son, bueno, directamente bordes. Miley explicó a la revista *Discovery Girls* una divertida situación que vivió con una fan: «Iba a comer con mi hermano y me puse ropa cómoda, como un chándal. No llevaba maquillaje y tenía el pelo hecho una mierda. Así que entramos en un restaurante y lo primero que oigo es: "Estás mucho mejor en la tele". A veces resulta muy raro oír cosas así. Pensé:

"¡Uf, qué duro!" Pero, claro, luego hay otras veces en que alguien se me acerca y dice: "¡Tíaaa! ¡Eres tan guapa! Y me encantan tus zapatos!" Y cuando pasa eso, pienso: "¡Qué guay!"».

Sí, sin duda, la vida de Miley Cyrus es cada día más guay.

Capítulo 7

¡Los Ángeles o nada!

Cuando se trasladó a Los Ángeles, Miley tenía una mezcla de sentimientos. Claro que estaba totalmente alucinada de haber conseguido el papel de Hannah Montana, pero eso significaba que su familia y ella tenían que trasladarse. Cuando Billy Ray consiguió el papel en *Doc*, la familia se fue a Toronto, pero sólo temporalmente. ¡En cambio, esta vez parecía que iban a tener que mudarse de verdad!

Ir a vivir a Los Ángeles significa decir adiós a su granja, a sus animales, a sus abuelos y a sus amigos. «Fue un poco agridulce —contó Miley a la revista *J-14*—. Yo salía con un grupo de unos cuantos amigos que conocía de siempre, porque había ido al mismo cole toda mi vida.»

Miley iba a echar de menos especialmente a su mejor amiga, Lesley. Miley y Lesley se conocían desde los seis años. Lo hacían todo juntas. «Estaba acostumbrada a verla todos los días y a hablar con ella mil horas —explicó Miley a la revista *J-14*—. Cuando me fui a Los Ángeles, sabía que no iba a verla casi nunca.» Lesley siempre ha sido una verdadera amiga para Miley. Durante el duro proceso de audiciones para Disney que pasó Miley, Lesley estuvo junto a ella para apoyarla. Cuando a Miley le entraba el bajón por tener que irse a Los Ángeles, Lesley estaba allí para animarla, aunque ella misma también tenía un buen bajón. Justo antes del traslado, las amigas pasaron un último día juntas. No podían parar de berrear al pensar que iban a separarse. Cuando la madre de Miley fue a buscarla, Miley le dijo que no quería marcharse. La madre de Miley la comprendía y le dijo que no tenía que hacer semejante cambio si no quería. Pero en el fondo, Miley sabía que tenía que irse; si no lo hacía, tendría que abandonar el sueño de convertirse en una estrella.

Aunque Miley vive a tres mil kilómetros de sus amigos de Tennessee, sigue en contacto con ellos, sobre todo con Lesley. Es más, para el primer gran concierto de Miley, Lesley viajó a Los Ángeles para no perdérselo. «Ahora me doy cuenta de que no puedes tener miedo de perder a la gente —explicó Miley a la revista *J-14*—, y era lo que más miedo me daba. No puedes perder a tus amigos si te aferras bien a ellos.»

A todo el mundo le resulta difícil cambiar de ciudad. Hay que acostumbrarse a un entorno nuevo y a una nueva casa. Tienes que ir a una escuela nueva. Y eso es especialmente difícil si estás en el instituto. Para entonces, la mayoría ya tiene su grupo hecho, y entrar en uno puede ser casi imposible.

Pero Miley tuvo suerte. Sí que tuvo que acostumbrarse a una ciudad y una casa nuevas, pero como trabajaba a todas horas, no tenía tiempo de ir a un instituto normal, así que no tuvo que enfrentarse a las presiones sociales del colegio. Además, Miley no es el tipo de chica que se quedaría en una esquina sin hablar con nadie. Más bien al contrario, la alegre personalidad de Miley hizo que le resultara fácil encajar con la gente de Hollywood.

Miley ya ha hecho muchos amigos nuevos allí. Entre ellos está Ashley Tisdale. Miley tiene incluso una foto de ellas dos en el salvapantallas de su móvil Sidekick. Hay gente que ha dicho que cuando Miley se pone su peluca rubia, ¡podrían pasar por hermanas! Hacerse amiga de otras estrellas ha ayudado mucho a Miley, porque ellas entienden de verdad su situación. Miley descubrió a las malas que cuando eres una gran estrella, debes tener cuidado al hacer amigos. Hay gente que finge ser tu colega, pero ¡luego va y vende todos tus secretos a las revistas del corazón por una pasta!

Por suerte, Miley encontró a una buena amiga en Los Ángeles, que trabaja también en la tele, pero que no es una estrella tan importante. Se llama Mandy Jiroux, y ha sido una de las bailarinas de Miley. Mandy entiende las presiones de trabajar en Hollywood, y no le importa la fama de Miley, lo que la convierte en una amiga ideal. «Creo que debes tener un pequeño círculo de gente muy íntima en la que puedas confiar —dijo Miley a la revista *Seventeen*—. He tenido tantos malos rollos con algunas amigas... La verdad, no puedo pensar en ninguna otra amiga en la que pueda confiar tanto como confío en Mandy. Ella es la única persona a la que puedo llamar y contarle cualquier cosa.»

Miley y Mandy se han hecho tan íntimas que hasta tienen su propio *show* en YouTube: *The Miley and Mandy Show*. La mayor parte del *show*, que han filmado para divertirse, está hecho en el dormitorio de Miley, en su casa de Toluca Lake, en California. En la grabación, las amigas bailan, hacen el burro y se lo pasan de coña juntas.

Cuando la revista *Teen* preguntó a Miley cuál era su definición de una verdadera amiga, ella respondió: «Una verdadera amiga es alguien que está siempre junto a ti en los momentos buenos y en los malos. Tengo una canción que se llama: "True Friend"... Me han pasado muchas cosas positivas en la vida, pero también algunas negativas que han sido una auténtica pesadilla... así que está muy bien tener a mis amigos, que me ayudan a superarlo todo».

Miley también ha tenido suerte al hacer amigos en su propia serie. Conecta muy bien con Emily Osment, que hace el papel de Lilly Truscott, y con Mitchel Musso, que hace de Oliver Oken. Miley también es muy amiga de Jason Daniel Earles, que interpreta el papel de su hermano mayor, Jackson.

En la vida real, Jason nació el 26 de abril en San Diego, California. El año exacto de su nacimiento es un pequeño misterio. Algunas veces sale como 1985, pero otras como 1977. Es una diferencia de ocho años, y ¡Jason no quiere decir ni una palabra sobre el tema! Se puede ver a Jackson en la peli *La búsqueda 2: El diario secreto*, y también ha trabajado en *Phil of the Future*, en el papel de Grady Spaggett, un estudiante de matemáticas muy inteligente.

Cuando Jason empezó a trabajar en *Hannah Montana*, no podía creerse lo bien que se llevaban todos. «Este grupo se unió mucho, y muy rápido —explicó Jason a la revista *Popstar!*—. Al final del episodio piloto, todos estábamos pasándonos los teléfonos, yendo unos a casa de otros y saliendo juntos por ahí.» Jason dice que se sentían tan unidos que empezaron a actuar como una auténtica familia, incluso con las peleas. Pero no hay que preocuparse; después siempre se reconcilian.

Aunque Miley se lleva muy bien con su hermano de la pantalla, fuera de ella, sale más con Emily y Mitchel. Emily Osment hace de Lilly Truscott, la mejor amiga de

Hannah Montana (y Miley Stewart). Emily Jordan Osment es una chica de California, nacida en Los Ángeles el 10 de marzo de 1992. Al vivir en la tierra de las estrellas, el gusto por el cine se respira en el ambiente. ¡Además lo llevaba en la sangre! Su padre, Eugene Osment, es actor, igual que su hermano, Haley Joel Osment (famoso por *El sexto sentido*).

Cuando Emily tenía cinco años, su padre le preguntó si quería meterse en el negocio. Emily empezó haciendo anuncios, y en 1999, consiguió su primer papel en una película, *La vida secreta de las chicas*. Después de eso, Emily salió en *Sarah, Plain and Tall: Winter's End*, de Hallmark. Otros de sus trabajos en televisión incluyen, *Cosas de Marcianos, Friends* y *Touched by an Angel*. En 2002 consiguió el papel de Gerti Giggles en *Spy Kids 2: Isla de los sueños perdidos*. Cuando el director y guionista Robert Rodríguez vio la prueba de Emily, flipó tanto con su actuación que quiso darle más tiempo de pantalla, ¡así que hizo que su papel fuera más largo! Luego Emily pasó a protagonizar *Spy Kids 3D*.

Con un currículum tan impresionante, cabría pensar que Emily no tuviera ningún problema para conseguir el papel de Lilly, es decir, que no tuviera que esperar tanto como Miley para lograr su papel. Pero no, no consiguió el papel tan fácilmente. Tuvo que hacer tres o cuatro audiciones. En la última, cuando ya habían elegido a Miley, hicieron que Emily leyera con Miley. Sin duda, hubo química entre ellas, y ¡Emily consiguió el papel!

Emily admite que no pensaba que *Hannah Montana* llegara a tener tanto éxito. Cuando le dieron el papel, pensó que iba trabajar en una serie mona, que pasaría sin pena ni gloria por Disney Channel. Incluso después de que filmaran el episodio piloto y de que la gente comenzara a decir lo bueno que era, Emily seguía sin estar impresionada. ¡Vaya si flipó con cómo acabaron las cosas!

Cuando Emily empezó a grabar *Hannah Montana*, ni se le pasaba por la cabeza que pronto los fans la reconocerían en cuanto saliera por la puerta de casa. Es cierto que, al principio, la gente se le acercaba y le preguntaba si ella hacía de Lilly, pero ahora cuando los fans la ven, ¡no dudan ni un segundo de quién es!

Cuando TheStarScoop.com preguntó a Emily en qué se parecía al personaje de Lilly y en qué se diferenciaba, ella contestó: «Creo que me parezco mucho a Lilly, porque me gusta mucho hacer deporte. Ella es muy deportista. Le gusta salir con su *skateboard*... Lilly es muy sociable y abierta, y en eso también nos parecemos. Y creo que en lo que no somos iguales es en que ella tiene... la ropa más guay que he visto nunca... Me encantaría tener ese tipo de ropa».

Tanto a Emily como a Miley les gusta ir de tiendas. Emily explicó a la revista *Popstar!* que le gusta comprar en grandes almacenes como Abercrombie & Fitch y Old Navy. Pero siempre tiene los ojos abiertos en busca de ropa y accesorios únicos. «Me gustan mucho las tiendecitas pequeñas. Me gusta encontrar cosas que, cuando las llevo, hacen que la gente diga: "Anda, ¿dónde has comprado eso?" No tienen ni idea de donde lo he encontrado. Y eso me encanta.» Miley también se confiesa como una adicta a las compras. Y sus «hábitos» de compra han empezado desde que vive en Los Ángeles. «Me molan mucho los zapatos —confesó Miley a *USA Today*—. A veces me pongo de punky, y al día siguiente de pija.»

Aunque Lilly y Miley van de lo mismo en la pantalla,

en la vida real ¡son completamente opuestas! Emily está loca por el fútbol y juega desde que tenía seis años. «Es muy divertido, y a toda mi familia le encanta —contó Emily a la revista *Popstar!*—. Vamos todos juntos a los partidos.»

Cuando se trata de deporte, Miley prefiere a las animadoras. Cuando era pequeña, a Miley le encantaba bailar, y pensó, ¿cuál sería la mejor manera de bailar en público? Pues ser animadora. Y eso fue lo que hizo cuando estudiaba en Tennessee. La efervescente personalidad de Miley sin duda la ayudó a ser la perfecta animadora. Pero desde que Miley está tan ocupada filmando y grabando, no tiene tiempo para estar en un equipo. Aunque, ¡fijo que siempre está animando a sus compañeros de reparto!

Cuando la revista *Teen* les pidió a Miley y Emily que se compararan, dijeron cosas como éstas: Miley es más lanzada que Emily, aunque Emily tiene toneladas de energía. Y es más fácil que sea Miley, y no Emily, quien le pida salir a un chico. Emily es la más lectora de las dos, y también la que come mejor. Y Miley dice que, en la vida real, sus personalidades están como invertidas respecto a la serie. En la serie, Lilly (Emily) es la más alocada. Pero, según Miley, Emily «es la que siempre está: "Prepárate esto, Miley. No te olvides de leer el guión esta noche. Te llamaré el lunes para que lo repasemos"».

Miley contó a *Teen* que la primera vez que vio a Emily, no podía creer lo bajita que era. Pero a pesar de la primera impresión, Miley y Emily se hicieron amigas muy rápido. En seguida fueron inseparables en el plató. Miley explicó a *Teen*: «Ella y yo estábamos muy, muy unidas. Cuando estabamos juntas, nunca callábamos, porque había tantas cosas de las que hablar y tantas historias que contar...».

Como siempre pasa entre amigos, Miley y Emily no están siempre de acuerdo. Pero nunca siguen enfadadas mucho tiempo. Miley dijo a la revista *Discovery Girls* que cuando ella y su amiga se pelean: «Trato de ser la más adulta. No pasa nada por decir: "¿Sabes? Más vale que lo dejemos y hagamos las paces"». Conservar a los amigos es más importante que tener la «razón» en una pelea. Y Miley reveló a *Teen*: «Nos queremos como hermanas. Nos peleamos como hermanas. Así es la cosa».

Para Miley, todos los actores de *Hannah Montana* son como una familia. Miley se lo explicó así a *Teen*: «[Emily] es como una hermana mayor, así que me cuida, y yo hago lo mismo por ella y procuro que nos divirtamos juntas. También me está enseñando a tejer, pero a ella se le da bien eso de las manualidades, y a mí no tanto». Emily también ha aficionado a Miley a guardar recortes de periódicos y revistas, y además le ha hecho una manta, con la que Miley duerme todas las noches. ¡Qué buena amiga!

En el plató, Miley y Emily se lo pasan genial actuando juntas, pero a veces disfrutan gastándose bromas. «Emily y yo siempre nos metemos en líos y nos hacemos bromas la una a la otra», confesó Miley a la revista *J-14*.

Miley también está muy unida a otro compañero de reparto, Mitchel Musso. Mitchel hace de Oliver, el otro gran amigo de Miley en la serie. Aparte de Lilly, Oliver es el único amigo de Miley que sabe que tiene dos identidades.

Mitchel lo tuvo más difícil que sus compañeros para entrar en el negocio de la pantalla. Después de conseguir su primer anuncio con bastante facilidad, pensó que sería sencillo meterse en la tele y rodar pelis. Pero entonces recibió una retahíla de rechazos. Sin embargo, Mitchel aguantó el tipo y perseveró.

Mitchel consiguió un papel muy pequeño en *El secreto de los McCann*, junto con su hermano pequeño, Marc, y el hermano mayor de Emily Osment, Haley Joel Osment.

Cuando Mitchel hizo la audición para *Hannah Montana* ya tenía una película de Disney Channel a sus espaldas; había hecho de Raymond Figg, el asmático mejor amigo de Kyle Massey en *Tal para cual*.

Pero, igual que a sus compañeras, su papel en Hannah Montana no le fue fácil de conseguir. Evidentemente, tuvo que hacer una prueba, y durante ésta, Mitchel no siguió demasiado bien el guión. En vez de entrar por una ventana usando una silla para subirse, ¡Mitchel usó la mesa a la que estaban sentados los ejecutivos que le estaban haciendo la prueba! Fue una jugada bastante arriesgada, pero esa improvisación le ayudó a conseguir el papel.

Tanto en la pantalla como fuera de ella, Miley, Mitchel y Emily están muy unidos. Se puede ver al trío paseando por el centro comercial después de acabar la filmación del día, y cuando llegan a casa, los tres se telefonean por la noche. Quizá Miley haya tenido que dejar Tennessee para ir a vivir a Los Ángeles, pero ha encontrado a unos buenos amigos que la hacen sentir como en casa.

Y hablando de amigos, ¿qué pasa con los chicos? Me refiero a los «novios»... Miley ha salido con unos cuantos chicos estupendos, pero no tiene ninguna prisa en comprometerse. Además, elige muy bien con quién sale. Una cosa que no soporta son los tíos que se las dan de algo: los que van de sobrados por el mundo y con la gente. A Miley se le ponen los pelos de punta cuando ve a tíos que no pueden dejar de mirarse en el espejo. Miley tampoco puede entender toda esa competencia que hay entre algunos chicos. Para ellos, ganar es lo único que importa; Miley sólo quiere divertirse.

¡La pareja ideal de Miley sería un chico que la hiciera reír! Le gustan los chicos divertidos, que hacen el tonto y que la hacen olvidar toda la presión de ser una estrella. Y, claro, siempre está buscando a un chico al que no le impresione su fama. ¡Y tampoco estaría mal que fuera superguapo! Miley está segura de que encontrará al chico ideal, pero mientras tanto, ¡se lo pasa muy bien conociendo a todos los chicos «no ideales» que hay por ahí!

Capítulo 8

Mamá (y papá) saben lo que te conviene

Imagínate conseguir el trabajo de tu vida y entonces enterarte de que tu padre va a trabajar contigo. ¡Para que luego te digan que no te cortes! Pero a Miley no le importa. «En el fondo es guay —explicó a MediaVillage.com—. Pero como le pasa a todo el mundo, también es un poco raro. Pero mola tenerlo cerca cuando me puede apoyar. ¡Si alguna vez tengo una pregunta, mi padre está ahí mismo!»

Todos los lunes, más o menos a la misma hora que la mayoría de los adolescentes se preparan para ir a clase, Miley se levanta y se mete en el coche con su padre. Los dos tienen que estar en el estudio a las ocho y media, y ¡Miley debe ser puntual porque es la estrella! Por las mañanas, padre e hija tienen una rutina bastante repetitiva, ¡excepto una vez que Billy Ray se olvidó de ella! En una entrevista con la revista *People*,

Miley explicó que un lunes por la mañana no encontraba a su padre. «Recorrí toda la casa llamándolo a gritos. Me estaba poniendo histérica. Salí afuera y no estaba su coche; y el coche de mi madre tampoco. Así que llamé a mi padre por el móvil y le dije: "¿Papá? ¿No te has olvidado de alguien?" Y él va y dice: "¿No estás con mamá?".» Naturalmente, Billy Ray tuvo que volver corriendo a casa, recoger a Miley e ir directo al estudio.

Sin embargo, seguramente Miley no se enfadó con su padre. Después de todo, Billy Ray es un gran padre, y ¡ella tiene que trabajar con él! "Es un poco raro porque en casa soy normal... una chica normal. Puedo decirle: "¡Papá, vale ya de broncas! ¡Déjame en paz!".» Miley dice que mientras recorren el largo camino desde su casa hasta el plató, su padre le hace hablar de lo que la preocupa. Y Miley no tiene más remedio que soltarlo todo, para eso tiene a alguien que la escucha con tanto interés. ¡Además no le queda otro remedio, porque no es que pueda salir del coche mientras van por la autopista!

De todas formas, Miley y Billy Ray tratan de no llevarse el trabajo a casa. Ni siquiera estudian los guiones juntos. «Todo lo que pasa en el plató, se queda en el plató», dijo Miley. Cuando están en casa, se comportan como una auténtica familia, no una familia de televisión. Miley quiere que, en casa, Billy Ray sea su padre, no su compañero de trabajo.

Cuando a Billy Ray le ofrecieron el papel de Robbie Stewart, no se lanzó inmediatamente a aceptarlo. Estaba tan orgulloso de que Miley hubiera conseguido su papel que no quería entrar en la serie y fastidiarle el plan. Aunque Billy Ray había tenido bastante éxito con su serie *Doc*, también había aguantado su ración de fracasos y decepciones. Después de todos esos años, aún se le conocía sobre todo por «Achy Breaky Heart». De momento, todos los álbumes que habían seguido a ese éxito habían sido una decepción, al menos desde el punto de vista comercial. A lo mejor Billy Ray tenía miedo de llevar su mala suerte a la serie de Miley. Sin embargo, ahora Billy Ray se alegra de haber aceptado el papel, y está de lo más orgulloso de su hija. «No quiero parecer el típico padre orgulloso —dijo Billy Ray al *New York Daily News*—, pero es que Miley es increíble. He visto a esa niña ir a muchas pruebas, volver a casa rechazada y seguir yendo a hacer pruebas sin darse por vencida.»

Aun así, cuando se es joven, hay veces en que no quieres que tu padre esté cerca. Como Miley pasa mucho tiempo en el plató, y como es muy amiga de sus compañeros, es probable que tenga algunas conversaciones privadas con ellos; ya sabes, el tipo de conversación que no querrías que oyera tu padre por nada del mundo. No sé, a lo mejor quieres chismorrear con tus amigas, planear salir de compras, despotricar del chico que te gusta o hablar de alguna fiesta. Aunque Miley dice que su padre es «guay», es inevitable pensar que debe de haber momentos en que quiera tener su espacio. Por suerte, Billy Ray se ha preocupado de dejarle ese espacio. Mientras están filmando, él nunca le da consejos. De hecho, ¡es más fácil que sea Miley la que le diga a su padre qué debe hacer!

Aunque Billy Ray no se pasa el día pendiente de Miley, a veces puede ser un palo tenerlo por el plató. Un día, uno de los de atrezzo le dejó a Billy Ray una máquina de pedos. Siempre que Miley pasaba, Billy Ray hacía funcionar la máquina. Incluso cuando Miley estaba rodando sus escenas. Y, claro, cuando se oía un pedo, rápidamente Billy Ray culpaba a Miley. ¡Qué marrón! Y fuera del plató, papá tampoco para. Una vez Miley vio a Kelly Clarkson en un evento, y Billy Ray fue directo a ella y le dijo que Miley era su mayor fan. Y entonces le pidió a Kelly si Miley podía hacerse una foto con ella. ¡Venga, papá, dale un respiro a Miley!

Miley contó a MediaVillage.com que su padre puede hacerle pasar un mal trago también durante las sesiones de fotos. «Se pone a gritar cosas que no quieres que nadie sepa. Lo primero que se le ocurre. "¿Te acuerdas de aquella vez cuando eras pequeña?" Cosas así.» Pero las tonterías de su padre no hacen enfadar a Miley. Sabe que sólo está bromeando para relajar la tensión. Además, siempre hace sonreír a todos, ¡incluso a Miley!

Bromas aparte, Billy Ray puede ser muy protector con su niña. Cuando Miley empezó a querer entrar en el negocio del espectáculo, su padre se lo desaconsejó. Le avisó de que Hollywood podía ser un lugar muy traicionero. Y cuando ella iba de audición en audición como una loca, Billy Ray le dijo que se lo tomara con más calma y parara durante un tiempo. Le preocupaba que Miley se obsesionara demasiado con ser una estrella. Él quería que su hija disfrutara de las cosas «normales» de la vida, como ser animadora o montar a caballo. Pero Miley no quería ni oír hablar de eso, sino que insistió e insistió. Su seriedad y determinación acabaron impresionando a su padre. Billy Ray contó al *New York Daily News*: «Me siento muy orgulloso de que sepa perseguir una meta sin rendirse».

Billy Ray ha sido un buen ejemplo para Miley. «Siempre lo he visto tratar a todos con respeto y amor, hasta a las fans que esperan desde las tres de la mañana sólo para ver pasar su autocar», contó Miley a *Entertainment Tonight*. Billy Ray ha enseñado a su hija a no dejar de perseguir sus sueños. En una entrevista previa a los Premios de la Asociación de la Música Country de 2006, preguntaron a Miley cuál había sido el mejor consejo que le había dado su padre, y Miley contestó que le había dicho que intentara ser feliz y disfrutar con lo que hacía. Pero Miley también contó que Billy Ray había añadido: «Hagas lo que hagas, no me hagas caso a mí. ¡Haz caso a tu madre!».

La madre de Miley, Tish, es su manager, así que ¡apuesta lo que quieras a que le hace caso! Miley dice que su madre es más estricta que su padre. Billy Ray admite que la disciplina nunca ha sido lo suyo. Según contó a *USA Today*, lo que él trata de hacer es «usar psicología, hacerles reír o contarles un cuento con moraleja». Tish es quien pone reglas a Miley. Cuando tiene que dar un concierto, su madre se asegura de que se acueste a medianoche. Y también se asegura de que Miley se levante temprano por las mañanas para estudiar durante tres horas con su profesor particular. Tish sabe hacerse obedecer, como la vez que Miley no quería cambiarse de camisa, y Tish la dejó sin móvil. «Durante una semana mi popularidad decreció», contó Tish a la revista *People*. Y cuando Miley perdió su tarjeta de crédito, Tish le retiró su paga de 300 dólares al mes hasta que Miley demostrara que podía ser responsable. Un momento... ¿una asignación de 300 dólares al mes? Aunque eso pueda parecer una barbaridad para cualquier adolescente normal, sólo es una propina para una chica que gana millones de dólares. Pero darle una paga mensual ayuda a mantenerla con los pies en el suelo. Los castigos pueden ser un palo, pero Tish contó a *People* que Miley lo supera en seguida. «Casi todo el mundo [le dice] "Sí, sí, sí. Eres estupenda". Yo soy la que le tiene que decir: "No puedes hacer esto". Y lo hago porque la quiero.»

Miley sabe que su madre siempre quiere lo mejor para ella, y madre e hija siempre encuentran tiempo para pasarlo bien. «Todos los días, después del trabajo, mi madre y yo vamos de compras», confesó Miley a *USA Today*. Y cuando Billy Ray no quiere comprar algo, Tish siempre está allí con una buena razón para hacerlo.

Tanto Tish como Billy Ray se esfuerzan mucho para que Miley no pierda contacto con la realidad. Después de todo, toda esa fama se le podría subir a cualquiera a la cabeza, ¡sobre todo a alguien con dieciséis años! Los padres de Miley saben muy bien que una estrella adolescente se puede meter en un montón de líos. Basta abrir cualquier revista y leer sobre lo que llegan a liarla algunas de las estrellas de hoy. «Lo mejor de todo esto es que Miley ha conseguido mantener la cabeza sobre los hombros —explicó Billy Ray a la revista

People—. No se le ha ido la olla. Y toco madera. Rezo todos los días para que siga así.»

Además de grabar *Hannah Montana* juntos, Billy Ray y Miley han viajado por todo el país haciendo apariciones y presentaciones. En la World Series de 2006, el campeonato de béisbol, que se celebraba en Saint Louis, Missouri, Miley y Billy Ray cantaron a dúo el himno nacional. Estaba previsto que cantaran antes del partido del miércoles por la noche, pero se tuvo que suspender por la lluvia. Cuando finalmente cantaron, Billy Ray estaba de lo más orgulloso. «Es como si hubiera cerrado el círculo —explicó Billy Ray a Ocala.com—. Ver a mi pequeña ahí y tener la oportunidad de cantar con ella en la World Series, es algo muy especial. Canto muchas veces el himno nacional, pero nunca lo había cantado a dúo con mi hija.»

El equipo de padre e hija también estuvo presente en los 40 Annual CMA Awards en noviembre de 2006. Ése fue el primer año en que los premios regresaron a Nashville, después de una breve estancia en Nueva York. ¡Miley debía de estar emocionada de volver a su estado natal! Cuando Miley y Billy Ray subieron al podio para presentar el premio, ella le dijo a su padre que se quitara las gafas de sol. Billy le replicó: «Yo no te digo qué tienes que ponerte». ¿Y qué le soltó Miley? «Es cierto. Recuerda tu corte de pelo *mullet*.» Después también estuvieron en los Premios Estadounidenses de la Música el 21 de noviembre de 2006. Además, fueron los presentadores de la Celebración Nacional del Boys & Girls Club, que tuvo lugar en Los Ángeles, el 16 de septiembre de 2006.

Con todas esas apariciones, seguro que Billy Ray y Miley pasaron mucho tiempo juntos. Billy Ray sabe que, además de ser el padre de Miley, también tiene que ser su amigo. Igual que con los personajes que representan en la tele, Billy Ray le recuerda a Miley que él siempre estará ahí si quiere hablar de cualquier cosa. «Miley y yo tenemos una relación estupenda —contó Billy Ray en una entrevista del Boys & Girls Club—. Creo que es importante, como padres y vecinos, que dediquemos mucho tiempo a nuestros hijos y que animemos a otros a que hagan lo mismo.»

A eso, Miley añadió: «Mi padre y yo siempre hablamos de las cosas importantes para mi vida. Tanto mi madre como él saben lo mucho que los quiero, y tenemos una relación muy buena porque pasamos mucho tiempo juntos». Y confesó a la revista *People* que su padre y ella estaban «muy unidos. Noto que le puedo contar cualquier cosa. Cuando llegamos a casa, nos olvidamos de que trabajamos juntos y nos relajamos como una familia más».

Puede que ahora Miley sea una gran estrella, pero para sus padres ¡sigue siendo su niña!

Capítulo 9

Las listas de éxitos, ¡patas arriba!

Miley quiere mucho a su madre y a su padre, pero podría decirse que es la niña de los ojos de papá. Al menos, son sus pasos los que está siguiendo.

En 1992, Billy Ray estaba en la cúspide de las listas de éxitos con su canción «Achy Breaky Heart». Esa canción estuvo diecisiete semanas en el primer puesto de la Billboard Hot 100, la lista de *singles* más famosa de Estados Unidos. El álbum, *Some Gave All*, vendió 9 millones de copias y rompió récords en las listas.

Pero entonces llegó Miley. El 24 de octubre de 2006, se puso a la venta el CD *Hannah Montana*, e inmediatamente salió disparada hasta el número uno de la Billboard Top 200, la lista de álbumes. En su primera semana, el álbum vendió la increíble cantidad de 281.000 copias.

Es cierto que la asombrosa voz de Miley ha contribuido al éxito del álbum, pero hay algo más: Disney. Igual que con las series de televisión, Disney ha hecho un gran trabajo vendiendo música a los niños. En los años noventa, Disney vendió millones de CD de las bandas sonoras de sus películas, como *El rey león* y *La sirenita*. Pero entonces, las estrellas lanzadas por Disney, como Christina Aguilera y Justin Timberlake, no grababan sus discos con Disney.

Hoy en día, Disney ha cambiado de canción. La banda sonora de *High School Musical* ha vendido más de 3 millones de copias. *High School Musical* llegó al número uno dos veces, y fue el álbum más vendido de 2006. Y la música de *The Cheetah Girls 2* fue directa al número cinco del Billboard Top 200 de álbumes en agosto de 2006.

Sin duda, Disney ha descubierto lo que quieren los chicos y chicas de hoy. Pero ¿qué hace que esas nuevas estrellas tengan tanto éxito? Bueno, en primer lugar, tienen talento. Pero también son muy jóvenes, sus canciones envían mensajes positivos y, en muchos casos, son chicas. En los últimos años, revistas como

BOP y *Tiger Beat* han sacado infinidad de chicas estrellas del pop en sus portadas. «Lo que hacen estas chicas es algo crucial para la música pop —dijo Leesa Coble, editora jefe de *BOP* y *Tiger Beat,* al *Milwaukee Journal Sentinel*—. En el pasado, todo eran chicos [...] Los chicos guapos siguen siendo importantes, pero ahora también se ven todos esos rostros de chicas.» Otra cosa que tienen a su favor esas nuevas estrellas es que sus padres les dan su aprobación. No hay letras pasadas de rosca. Las canciones de artistas como Miley y las Cheetah Girls son buenas, divertidas y limpias. ¡Y también muy pegadizas!

En el verano de 2006, Miley estuvo de gira con las Cheetah Girls, haciéndoles de telonera. En todos esos conciertos, de una gira por cuarenta ciudades, había miles de niñas, casi todas acompañadas de su madre, aclamando desde las gradas. Y cuando Miley, vestida como Hannah Montana, salía al escenario, ¡las fans se volvían locas! En los conciertos se anunciaban las Cheetah Girls, pero las seguidoras de Miley acudían en masa.

«¡Soy Hannah Montana! ¡Qué empiece la fiesta!

¿Cómo estáis esta noche?», dijo Miley al salir al escenario en uno de los conciertos de las Cheetah Girls. El público le contestó con un gran bramido. Alucinaban al ver que Miley/Hannah era la telonera de las Girls. Cuando Miley empezó a cantar, el público cantó con ella, ¡y también la mayoría de las madres!

En todos los conciertos de las Cheetah Girls aparecía Miley y cantaba con toda su fuerza esas hermosas melodías, con letras que realmente llegaban al público. Cuando escuchas las letras de Miley, sientes que ella entiende todo lo que te está pasando en la vida.

En 2006, Miley también salió en *Good Morning America*, presentó los Premios Estadounidenses de la Música, actuó en el Desfile del Día de Acción de Gracias de Macy's (¡el día de su cumpleaños!), apareció en el especial de la CBS *A Home for the Holidays* y actuó en el Desfile del Día de Navidad del Mundo de Walt Disney.

Cuando Miley actúa, se siente de fábula. «En cuanto piso el escenario, me olvido del todo lo demás. No lo considero trabajo. Es tan divertido», dijo. Y es cierto:

cuando ves a Miley cantar, incluso cuando está vestida de Hannah Montana, en ningún momento parece que esté en el escenario porque es su trabajo. A esta chica le encanta actuar. ¡De verdad!

Sin embargo, ofrecer un buen concierto no es tan fácil como parece. Cierto que Miley tiene una voz alucinante y una personalidad que se gana al público, pero hay que hacer mogollón de cosas para preparar una actuación. Todos los movimientos que Miley realiza sobre el escenario están coreografiados. Eso significa horas y horas de trabajo con el coreógrafo o con el profesor de baile. Además de trabajar con el coreógrafo, Miley tiene que aprender todos los números que hace con los bailarines. Toda esa coordinación implica un montón de ensayos. Miley no sólo ha de pasar mucho tiempo ensayando con los bailarines, sino que también tiene que viajar con ellos. Por suerte, la radiante personalidad de Miley le ha permitido hacer amigos muy rápido dentro del equipo. Y cuando pisa el escenario para cantar las canciones de su CD, actúa supersegura.

La banda sonora de *Hannah Montana* contiene

ocho canciones cantadas por Miley (como Hannah): «The Best of Both Worlds», «Who Said», «Just Like You», «Pumpin' Up the Party», «If We Were a Movie», «I Got Nerve», «The Other Side of Me» y «This Is the Life». Billy Ray canta con ella en «The Other Side of Me», ¡que es en realidad un dueto! Jesse McCartney, Click Five, Everlife y B5 han colaborado en los otros temas.

A Miley también le mola escribir canciones. «Es algo que me sale de forma natural —contó a *Scholastic News*—. No es una cosa que haga paso a paso; no me siento y empiezo a escribir y a cantar una melodía en mi cabeza. A veces, oigo algo y me paso todo el día con eso metido en la cabeza, y entonces voy y escribo sobre eso. O tomo algo que ha dicho alguien y lo convierto en una canción.»

La música de Miley se ha ganado al público por ser ocurrente, pegadiza y guay. Ser guay y a la vez «apta para todos los públicos» no es siempre fácil, pero ¡sin duda Miley lo ha conseguido!

Capítulo 10

¡Aquí está Miley!

Seguro que a Miley Cyrus le encanta meterse en la piel de Hannah Montana. Pero Miley quería que sus seguidores supieran que ella, Miley Cyrus, la chica real, ¡también sabía cantar! El deseo de Miley se hizo realidad el 26 de junio de 2007, cuando Walt Disney Records y Hollywood Records lanzaron *Hannah Montana 2: Meet Miley Cyrus*. Este álbum con dos CD contiene diez canciones cantadas por Miley como Hannah Montana y diez canciones cantadas por Miley como ella misma.

En cuanto el álbum salió a la venta, se puso en el número uno de la Billboard Top 200, y empezó a venderse aún más rápido de lo que se vendió el primer CD de Miley durante la primera semana. *Hannah Montana 2: Meet Miley Cyrus* estuvo entre los cinco primeros puestos durante cuarenta semanas. Y cuando llegaron otra vez las vacaciones, el álbum volvió a subir hasta los diez primeros en el Billboard Top 200. «See You Again» fue el *single*, que llegó al número diez en el Billboard Hot 100. Hasta ahora, el álbum ha vendido más de 4 millones de copias por todo el mundo. ¡Eso sí que es un exitazo!

Con su segundo CD en lo más alto, Miley podía relajarse un poco, ¿no? ¡NO! El 18 de octubre de 2007, en Saint Louis (Missouri) Miley inició la gira «Best of Both Wolds» («Lo mejor de ambos mundos»). La gira, que según los planes debía acabar el 9 de enero de 2008 en Albany, en el estado de Nueva York, fue prorrogada hasta el 31 de enero por petición popular. ¡Miley recorrió 64 ciudades, e hizo un total de 72 conciertos! Los Jonas Brothers se unieron a la primera parte de la gira, como teloneros de Miley. Miley y los guapísimos Jonas Brothers dieron 54 conciertos juntos. Después de que los Jonas Brothers decidieran dejar la gira, las superfamosas hermanas Aly & AJ tocaron con Miley desde el 11 al 24 de enero. Everlife fueron los teloneros durante la última parte de la gira, que acabó en el American Airlanes Arena de Miami, en Florida.

Los fans de todo el país se quedaron flipados cuando supieron la noticia de que Miley iba a hacer una gira. Lo cierto es que estaban tan entusiasmados que ¡las entradas para los conciertos se agotaban en cuanto las imprimían! Hubo controversias respecto a la venta de entradas, y hubo quien las revendió por miles de dólares. Los seguidores de todas partes rogaban a sus padres que hicieran lo que fuese para conseguirles entradas para el concierto más alucinante del mundo. Y la verdad es que algunos se pasaron: por ejemplo, el grupo de padres que, en un parking encharcado por la lluvia de Saint Louis, se pusieron unos zapatos de tacón, unas pelucas rubias y unas minifaldas, e hicieron una carrera con la esperanza de ganar unas entradas para el concierto de Miley. Imagínate cómo se sentían los hombres mientras corrían, tropezando, y cayéndose, hacia la línea de meta. ¡Pero qué feliz hizo a su hija el padre que ganó!

Miley no podía creerse lo que algunos fans llegaban a hacer para conseguir entradas. «El concierto estará bien, pero no sé si merece que hagan todo lo que han llegado a hacer», le dijo a Ellen DeGeneres. Le fastidiaba que no hubiera entradas para más de sus seguidores, y por eso prorrogó la gira. ¡Pero a la vez estaba muy emocionada de que se hubieran agotado!

Aparte de la controversia, Miley se lo pasó en grande en la gira «Best of Both Worlds». Disfrutaba actuando, noche tras noche, en recintos abarrotados. Y también le permitió divertirse con sus buenos amigos, los Jonas Brothers. Según *People*, fuera del escenario Miley y los Brothers competían en el videojuego *Guitar Hero* y le subían el volumen al máximo al estéreo de los demás en los camerinos para gastarse bromas. «Lo mejor es poder estar con todos tus mejores amigos —contó Kevin Jonas a *People*—. Es genial.»

Miley se lo pasó de fábula en la gira, pero también sabía que tenía que dar algo a cambio. Se sentía muy agradecida de saber que iba camino de ser una gran estrella y quería ayudar a la gente; por eso, donó un dólar de cada una de las entradas de los conciertos para la investigación contra el cáncer en City of Hope. De ese modo consiguió reunir más de un millón de dólares.

Hacer una gira por 64 ciudades puede ser superagotador. No queda tiempo para nada más que actuar y viajar (¡además de comer y dormir!). Probablemente, Miley tenía planificada toda la gira hasta el último segundo. Pero Tish consiguió incluir una pequeña sorpresa: una fiesta el 21 de noviembre para celebrar los quince años de Miley, ¡dos días antes de que fuera su cumpleaños! Ese día, Miley no tenía que trabajar, y pensaba que iba a ver actuar a uno de sus grupos favoritos, Paramore, en The Factory, en Franklin, su ciudad natal. «Entro y ¡me encuentro a todos mis amigos desde segundo de primaria!», contó una emocionada Miley a *People*. ¡La fiesta de cumpleaños de Miley fue una caña! Tish organizó una fiesta en plan años ochenta y le dio a Miley un vestido de lo más ochentero. ¡Doscientos cincuenta invitados, desde los amigos de Miley hasta estrellas como Martina McBride, bailaron durante toda la noche!

Pero a la persona que más se alegró de ver Miley fue a su padre. Como cuando está de gira Miley viaja con su madre, puede pasarse largas temporadas sin ver a Billy Ray. Aunque los dos «chatean» mucho cuando Miley está en la carretera, de todas formas Miley le echa de menos un montón. «Tengo ganas de volver a [grabar] *Hannah Montana*, porque lo que realmente echo de menos es estar con mi padre a todas horas», confesó Miley a *People*.

El auténtico día de su cumpleaños, el 23 de noviembre, actuaba en Nashville. «¡Durante todo el espectáculo fui recibiendo pequeñas sorpresas!», explicó Miley a *People*. Durante la actuación, Miley recibió quince rosas de los Jonas Brothers y una tarta de cumpleaños, y hubo grandes fuegos artificiales. Y el mejor regalo de todos fue cuando Billy Ray subió al escenario con ella para cantar su dúo «Ready, Set, Don't Go» durante el bis. «[Miley] no paraba de decir que no se le ocurría una mejor manera de pasar su cumpleaños», le contó Brandi, la hermana de Miley, a *People*.

Si Miley pudiera formular un deseo para su cumpleaños, ¿cuál sería? Ya es una mega estrella, tanto con su personaje televisivo, Hannah Montana, como siendo la cantante Miley Cyrus. ¿Qué más puede pedir una chica?

Miley con la cantante de *country* Carrie Underwood.

Miley da caña en los 2008 Teen Choice Awards con Fergie.

Miley hace un dúo con su padre, Billy Ray Cyrus.

Miley con los Jonas Brothers en los Nickelodeon's 2008 Kids' Choice Awards.

Miley
Cyrus

Miley hace el símbolo de la paz en una foto con sus fans.

Miley sube al escenario para actuar ante sus fans.

Miley con la actriz Vanessa Hudgens, de *High School Musical*.

Miley hace una aparición en *Total Request Live* de MTV.

Miley cantando.

Miley actúa en Nashville para *Hannah Montana: La película.*

Miley y Micky Mouse en la celebración de su dieciséis cumpleaños en Disneylandia.

Miley con las cantantes Taylor Swift y Katy Perry en los 2008 MTV Video Music Awards.

Miley recibe el premio como Mejor Actriz de Comedia Televisiva 2008 Teen Choice Awards.

Capítulo 11

¡La mejor película del mundo!

Después de la gira, en la que batió récords y llenó todas las salas de conciertos, algunas personas habrían querido recoger todos esos recuerdos y guardarlos en una libreta de recortes. Pero Miley Cyrus no. Sus agentes y ella decidieron convertir la gira «Best of Both Wolds» en película. ¿Por qué? «No queríamos que la gente viera sólo lo que pasaba en el escenario —explicó Miley a *Time For Kids*—. La película va más allá, para que la gente pueda ver todo el trabajo que supone. Así pueden ver cómo se va haciendo.»

El estreno en Hollywood fue el 17 de enero de 2008. Miley llevaba un precioso vestido de Alberta Ferretti, y el pelo recién teñido de castaño oscuro. Entre el público, plagado de estrellas, se hallaban Ashley Tisdale, Vanessa Hudgens y los Jonas Brothers. Cuando se apagaron las luces en el cine, los asistentes se encontraron ante una película en 3D, que producía la sensación de estar de verdad en el concierto. Ambos mundos de Miley, el de Hannah Montana y el de Miley Cyrus, se ven en la película.

La película se estrenó en las salas comerciales el 1 de febrero, y estaba programado que se proyectara durante una semana. Pero, igual que con la gira, la versión en película fue otro gran éxito. Así que Disney decidió alargar su tiempo en las salas, y consiguió una recaudación de más de 65 millones de dólares. Según la revista *Vanity Fair*, la película estableció varios récords, entre ellos el de película estrenada durante el fin de semana de la Super Bowl que más dinero ha recaudado (la película dio algo que hacer a un montón de gente no aficionada al fútbol americano, y recaudó más de 31 millones de dólares ese fin de semana), y el de la media más alta por sesión, recaudando unos 45.000 dólares por pase. Más tarde, la película se estrenó en DVD.

El escenario que se ve en la película es una gozada: plataformas de varios niveles, pantallas de vídeo, pirotecnia y un montón de bailarines. También se muestra a Miley ensayando, actuando y en el *backstage*. Los ensayos parecen agotadores, pero divertidos. El director de la gira, Kenny Ortega, admite que coordinar a los músicos, los bailarines, las luces y los fuegos artificiales es un trabajo complicado. En la peli, los espectadores ven que Miley hace muchas cosas durante cada actuación, y ¡a veces hay meteduras de pata! Una vez, dejaron caer a Miley sobre el escenario durante la canción «I Got Nerve». Después de eso, practicó más con los bailarines para asegurarse de que no volviera a pasar.

Con todas las canciones y los cambios de escenario, Miley necesita moverse rápido en el *backstage*. Su madre y dos estilistas la ayudan con los cambios de vestuario, que deben hacerse muy rápido. En la película, Tish dice que tienen que hacer los cambios en unos 37 segundos.

En el concierto de la peli, Miley, como Hannah, canta «Rock Star», «Life's What You Make It», «Just Like You», «Nobody's Perfect» y «I Got Nerve». Cuando los Jonas Brothers se unen a ella, cantan juntos «We Got the Party». Miley disfruta de un pequeño descanso cuando los Jonas Brothers se lanzan con dos temas: «When You Look Me in the Eyes», y «Year 3000».

Cuando el presentador pregunta al público: «¿Estáis listos para Miley Cyrus?», ¡se vuelven locos! Los fuegos artificiales estallan mientras Miley se alza hasta el escenario. Lleva el pelo castaño rizado y luce vaqueros, botas blancas, un top blanco y un chaleco de cuero. Cadenas, collares y unos guantes sin dedos completan su atuendo. Miley vuelve loco al público con seis de sus canciones: «Start All Over», «See You Again», «Let's Dance», «Right Here», «I Miss You» y «G.N.O.».

En la escena con Billy Ray, éste dice que le encanta que la música de Miley sea tan real. Y en un momento especialmente tierno de la peli, Miley confiesa que escribió la canción «I Miss You» («Te añoro») para su abuelo cuando éste murió. También admite que sus seguidores pueden hacer suya la letra pensando en algo que echen de menos en su vida, pero para Miley, la canción está dedicada a su abuelo. Durante la canción, una Miley descalza toca la guitarra y canta sentada en un taburete, mientras al fondo se ve un fotomontaje de su abuelo.

Y justo cuando los espectadores del concierto piensan que se ha acabado, Miley tiene una canción más para ellos: «Best of Both Worlds». El público canta con Miley y a la vez ve un vídeo de Hannah. Al final del espectáculo, Miley está agotada pero muy feliz.

Capítulo 12

Un vistazo detrás del escenario

Aunque Miley es la estrella de su serie de televisión, ¡sigue teniendo que compartir el camerino con su padre! Pero a Miley no le obsesiona la privacidad. ¡Al contrario! «Mi vestuario es como una fiesta —contó Miley a la revista *BOP*—. La radio siempre suena con la música a todo trapo. Nadie llama a la puerta: ¡todos la abren y se preparan para pasarlo bien!»

Una vez, cuando estaban en plena fiesta, Emily Osment pensó que sería divertido que Miley se tropezara delante de todos. (Emily adora las bromas.) Así que Emily le puso la zancadilla, y ¡Miley salió volando! ¿Y se enfadó? ¡No, se partió de risa!

A Mitchel Musso le encanta estar en el vestuario de los Cyrus. A veces come allí, y después, Billy Ray le da clases de guitarra.

Miley siempre está bailando con la música a todo volumen. Seguro que es una buena manera de liberarse de la tensión que acumula después de todo un día de filmación. Y Miley disfruta enseñándole nuevos bailes a Emily Osment. ¡Las dos chicas suben la música a tope y se desmelenan!

Si vieras las paredes del vestuario de Miley, encontrarías mogollón de pósters, entre ellos, uno de Kelly Clarkson. Kelly es uno de los ídolos de Miley. ¡Y a veces le han dicho a Miley que se parecen! Miley cree que Kelly es una cantante y artista alucinante. Lo cierto es que Kelly fue su inspiración cuando quiso dedicarse al espectáculo. A Miley le mola el estilo de Kelly y le encantaría tener una carrera tan fabulosa como la de ella. Además de un póster de su ídolo, también verías un póster del guapo Orlando Bloom y de la excelente actriz Keira Knightley. Y por supuesto, a Miley también le gusta recortar anuncios guays de las revistas y pegarlos en la pared, ¡como el del anillo de diamantes más grande que ha visto en la vida!

En la pared del vestuario de Miley también hay colgado un collage que le ha hecho su mejor amiga de Tennessee, Lesley. Son unas cuarenta fotos, de ellas dos con gafas de sol, vestidas de lo más fino y poniendo caras divertidas. En el collage también hay una foto del equipo de animadoras de Miley. En otro collage que hay en la pared se ven fotos de las gemelas Olsen, Beyoncé y Orlando Bloom.

Aunque Miley comparte el camerino con su padre, se puede ver que ella es la decoradora. Además de los pósters y collages de las paredes, hay muchas otras cosas que son claramente de Miley, como cojines de color rosa, velas de color rosa, marcos de color rosa y ¡una silla con estampado de guepardo, que tiene la forma de un gran zapato!

¿Qué cosas «imprescindibles» que tiene Miley en su camerino? Según *Time For Kids*, para Miley es imprescindible tener «agua Vitamin y barritas de proteínas, que me ayudan a mantener la energía en el plató. ¡Y ketchup! Todo el mundo se burla de mí porque como mucho ketchup». ¡Miley le pone ketchup a todo! «Le pongo ketchup a la pizza, a los macarrones y a las cosas más raras. ¡Necesito tener ketchup a toneladas!»

Cuando Miley está de gira, ¡siempre viaja con estilo! Miley solía ir a tocar en una furgoneta. Ahora ha ascendido a un autocar. Y no es tan sorprendente:

cuando Miley está de gira, necesita mogollón de ropa, tanto para ella como para su otra personalidad, Hannah. ¡Y no olvidemos la peluca!

A Miley le encanta viajar en su autocar. ¿Y a quién no le gustaría viajar a lo grande? Miley tiene su propia cabina, con tele y todo. Cuando necesita relajarse, sólo tiene que subirse al autocar y ponerse una peli. Y cuando está cansada, ¡se acurruca bajo su manta de Elvis y echa una siesta! Miley nunca va de gira sin su genial Sidekick. Claro, si no ¿cómo podría seguir en contacto con sus colegas?

Miley ha recorrido ya un montón de kilómetros dando conciertos. Y sus fans siempre la están esperando. En el primer concierto de su gira, en Los Ángeles, el montaje empezó a oscuras. Se fue animando lentamente para su entrada: primero se vio un vídeo de ella en su camerino, y luego se vieron escenas de ella caminando hacia el escenario. El público se volvía loco intentando adivinar lo que iba a pasar. Pero, un momento... ¡había un problema técnico! De repente, se volvieron a encender las luces. El director de escena le comunicó al público que había unas pequeñas dificultades técnicas. Mientras pasaban los minutos, el público esperaba pacientemente. Entonces, todo empezó de nuevo: las imágenes del vestuario y todo. Pero a nadie pareció importarle.

Miley nunca deja colgados a sus fans. Una vez fue a firmar discos a Nueva York y dos mil fans hacían cola, muy ansiosos por conseguir un autógrafo suyo. Algunas estrellas tienen un tiempo límite para firmar. ¡Después de una hora, se largan! Pero Miley no; ella se quedó hasta firmar el último autógrafo. Probablemente estaría agotada después de tantas firmas, sin contar con que seguramente tendría la mano hecha caldo, pero en lo único que pensaba era en sus seguidores. Estaba totalmente alucinada de la paciencia con que la habían esperado.

Cuando Miley no está de gira o filmando, y tiene un raro día libre, le contó a *Time For Kids* que le gusta tocar la guitarra e ir a la playa. Y cuando tiene tiempo para ver la tele, le encanta ver *realitis* y *shows*, según dijo a la revista *Teen*. «Siembre veo *The Real World* y *America's Next Top Model*», admitió Miley. También confesó que como salió en *Es tan Raven* y en *Hotel, dulce hotel*, ella y su hermana pequeña se engancharon a esas series.

Cuando vuelve al trabajo y sube al escenario, sus seguidores se ponen como locos. «Es alucinante —explicó Miley a un reportero de Tommy2.net—. Después de un tiempo te olvidas de que estás delante de un montón de gente. En mi primer par de conciertos, todo el rato me quedaba descolocada. Pero te acabas olvidando porque realmente te ayudan a cantar.» Durante su primeros conciertos, Miley se ponía muy nerviosa cuando daba la mano a algún fan y no la soltaban. Seguro que pensaba que acabaría volando sobre el público. Pero tranquilos; no salió del escenario.

Miley admite que a veces se pone nerviosa antes de un concierto. Explicó a la revista *Popstar!* que, antes de su aparición en el *Totally 10 Birthday Concert* de Radio Disney, estaba entusiasmada, pero también algo asustada. Miley nunca había actuado delante de tanto público, así que se subía por las paredes de los nervios. Sabía que si podía superar la primera canción, todo iría bien. Y así fue.

Cuando hace actuaciones en vivo, a Miley le encanta notar cómo la energía y el entusiasmo del público la animan. Se lo pasa en grande cuando el público canta y baila con ella. «Me mola mogollón mirar hacia el público y ver a alguien cantar la letra, porque me ayuda a no olvidarla si estoy nerviosa.»

Ya ves, incluso las grandes estrellas pueden sentir nervios...

Capítulo 13

¿Ha quedado retratada?

Puede que algunas veces Miley Cyrus se ponga nerviosa cuando actúa, pero necesita tener la cabeza bien fría cuando los reporteros la siguen y le controlan todos los movimientos. «A veces hay unos cuarenta [fotógrafos] —contó Miley a *Vanity Fair*—, a veces hay veinte, otras veces treinta y a veces hay dos. Me paro y dejo que me hagan las fotos. Es muy divertido. Nos pagan la comida o lo que sea. Nos hemos hecho amigos.» Pero con tantísimos fotógrafos siguiéndola a todas horas, Miley debe añorar un poco de intimidad de vez en cuando.

«Lo bueno de Miley es que, por ejemplo, la semana pasada los *paparazzi* la fotografiaron hinchándose a patatas fritas y lo publicaron en todas las revistas, y ella se lo tomó fantástico —contó Tish a un periodista de *Vanity Fair* y añadió—: ¡Se ríe y ya está!» Hay que reconocer que tiene mucho mérito que Miley sea capaz de reírse de lo que enseñan de ella o de lo que escriben en las revistas y los periódicos. Es algo muy difícil, ¡sobre todo para una adolescente, que a veces puede ser supersensible!

No obstante, seguramente le costó mucho más no darle importancia a las fotos de ella que circularon por Internet en abril de 2008. En esas fotos, se le ve la barriga y parte del sujetador. Para la mayoría de la gente no pasaría nada. Pero para una adolescente que está constantemente bajo el punto de mira del público, y que se considera un ejemplo de comportamiento, esas fotos causaron una gran controversia. «Las fotos que salieron en Internet eran tontas e inapropiadas —afirmó Miley a la revista *People*—. Agradezco el apoyo de mis fans, y espero que entiendan que en algún momento puedo equivocarme, porque no soy perfecta. No era mi intención que pasara nada de eso, y lo siento mucho si he decepcionado a alguien. —Y añadió—: Y sobre todo, me he fallado a mí misma. Tengo que aprender de mis errores y confiar en mi grupo de apoyo. Mi familia y mi fe me guiarán en la vida.» Sin embargo, de todo eso Miley aprendió una lección muy valiosa. Ahora sabe que tiene que tener cuidado cuando haya una cámara cerca, incluso si es de alguien a quien ella considera un colega, y ¡debe tener mucho cuidado de a quién manda sus fotos!

Poco después del jaleo de las fotos de Internet, salió un reportaje en *Vanity Fair*, realizado por la famosa fotógrafa Annie Leibovitz. En una de las fotos más controvertidas del reportaje, Miley está envuelta en una sábana, mirando por encima del hombro, con la espalda al aire. Cuando se hicieron las fotos, Miley estaba muy satisfecha con el resultado. «Creo que es de lo más artístico —confesó Miley a un reportero de *Vanity Fair*—. No iba en plan chungo... Y no le puedes decir no a Annie. Es tan mona. Pone esa carita de perrillo abandonado y aceptas lo que sea.» ¡Pero Miley no podía imaginarse la reacción que causarían esas fotos!

Cuando salieron en la revista, un montón de gente se quedó sorprendida. Pensaban que no era correcto que Miley se fotografiase así. Disney Channel también criticó las fotos. «Por desgracia... se creo una situación para manipular deliberadamente a una chica de quince años con la intención de vender más revistas», decía un comunicado del canal. La familia, los amigos y los publicistas de Miley la defendieron rápidamente ante la prensa, y culparon a la fotógrafa.

Pero Annie Leibovitz defendió su arte. En un comunicado publicado en *Vanity Fair*, Leibovitz dijo: «Lamento que mi retrato de Miley se haya malinterpretado. Miley y yo estuvimos mirando fotos de moda y hablamos de la foto en su contexto antes de hacerla. La fotografía es un retrato sencillo y clásico, hecho con muy poco maquillaje, y opino que es muy hermosa». Y *Vanity Fair* afirmó: «En todo momento estuvieron en el plató los padres de Miley y/o alguien responsable de ella. Como la foto se tomó digitalmente, la vieron durante la sesión y todos pensaron que era una foto muy bonita y natural de Miley».

¿Y qué pensaba Miley de todo esto? En un comunicado hecho público por su representante de imagen, Miley decía: «Participé en una sesión de fotografía que se suponía que iba a ser "artística" y ahora, viendo las fotografías y leyendo la historia, me siento fatal. No pretendía que pasara nada de esto, y pido perdón a mis fans, que tanto me importan». En una entrevista con la revista *Seventeen*, Miley, refiriéndose a su experiencia con las fotos, dijo: «He aprendido que soy más fuerte de lo que pensaba. Y me siento realmente agradecida a mis fans por todo lo que han hecho por mí, y por apoyarme. En serio que les deseo lo mejor». Miley estaba horrorizada ante la posible respuesta de sus fans a las fotos, y se arrepentía de verdad de habérselas hecho. Cometió un error, pero ha aprendido de él. ¡Y ahora sabe qué no debe hacer en su siguiente sesión de fotos artísticas!

Capítulo 14

La escapada

El 22 de julio de 2008, Miley Cyrus presentó su segundo álbum, *Breakout* («Escapada»). Tal vez creyeras que ése era su tercer álbum, pero *Breakout* es el segundo álbum de Miley como Miley. Y con él, ¡Miley demostró que es una estrella sensacional!

El título del álbum es muy significativo: Miley estaba «escapándose». Con *Breakout* se estaba deshaciendo de su imagen de Hannah Montana. Es verdad que ya lo había hecho un poco con la gira «Best of Both Worlds», pero *Breakout* era sólo suyo. Miley contó a un reportero de *Time For Kids* que *Breakout* se distingue de sus otros álbumes porque «es un poco más personal. Refleja más cosas que me han pasado en la vida».

De las doce canciones del álbum, Miley escribió ocho en colaboración. «En estos momentos, la edad de mi público va entre los cuatro y los veinte años», dijo Miley a *Entertainment Tonight*. Con el álbum, Miley trata de «acercarse un poco a un público más mayor». Miley explicó a *MTV News* que el álbum es «para cualquier adolescente, o para cualquier mujer en general. La mayoría de mis canciones están pensadas para las chicas que están hartas de su ex o de su novio actual».

Eso queda especialmente patente en «7 Things», que fue el primer *single* que se empezó a oír en la radio, ya en mayo. Y el 18 de julio, dos días antes del lanzamiento del álbum, Miley interpretó la canción en el concierto de verano televisado de *Good Morning America*. Miley actuó ante una apiñada multitud en Bryant Park. Subió al escenario con *shorts*, botas de tacón y una camisa de manga larga a cuadros. Le alucinaba poder ofrecer a la gente la canción en primicia. Pero Miley no dejó que los gritos de la multitud se le subieran a la cabeza; incluso confesó a uno de los presentadores del *show* que ¡tenía miedo de que nadie se presentase al concierto!

La canción «7 Things», un tema en el que Miley canta sobre siete cosas que una chica no soporta de su novio y siete que le gustan mucho, fue directa al número ochenta y cuatro del Billboard Hot 100 y en dos semanas ya estaba en el número diez. La canción llegó hasta el número nueve, el mayor éxito de Miley.

La canción era el anticipo del álbum de Miley. La canción sonó mucho en la radio, y las chicas de todo el país se aprendieron la letra. En una entrevista con *Entertainment Tonight*, Miley jugó a «decir siete cosas»:

Siete ciudades favoritas de Miley: Chicago, Detroit, Nashville, Saint Louis, Miami, Nueva York / Nueva Jersey (las contó como una) y Kentucky.

Siete palabras que describan a Miley: aventurera, positiva, valiente, cariñosa, risueña, alocada, creyente.

Siete cosas que Miley quiere hacer antes de morir: nadar en el Mar Rojo, volar en helicóptero, ver la Gran Muralla china, ir a Australia y ver el agua colarse en el desagüe «boca abajo», escribir un libro, conocer a Chris Martin de Coldplay y hacer que *Breakout* sea número uno en las listas de éxitos.

Bueno, ¡que *Breakout* fuera número uno era fácil! El día que el álbum salió a la venta, se compraron

110.000 copias. Fue directo al número uno del Billboard Top 200. En la primera semana, ¡el álbum vendió más de 370.000 copias! Hasta ahora, lleva más de un millón de copias vendidas.

Muchos adolescentes y preadolescentes pueden identificarse con las letras de las canciones de *Breakout*. Casi todas tratan de las relaciones de pareja: de conocer a alguien y romper.

«Espero que [los seguidores] puedan sacar mucho de lo que yo he aprendido —explicó Miley a *MTV News*—. Como dice el título, es como una "escapada". Cuenta lo que he pasado, así que podría decirse que es una especie de historia de amor / ruptura. —Miley añadió—: Tienes que creerme: todo va a salir bien». ¿Y cuál es su canción favorita del álbum? «"Bottom of the Ocean" —dijo a *Time For Kids*—, porque es más emotiva que las otras canciones. Aunque todas las canciones del CD son realmente sinceras, creo que ésa tiene más parte de mí.»

Dos de las canciones que Miley no escribió para el álbum, son versiones. «These Four Walls» la grabó originalmente Cheyenne Kimball. Y «Girls Just Wanna Have Fun» la grabó la cantante funky Cyndi Lauper.

Por otra parte, tal como contó Miley a un periodista de *Time For Kids,* las canciones que sí escribe están inspiradas en lo que ve en sus fans: «Cuando estoy haciendo un concierto y miro al público, veo a la gente cantando y bailando, y eso realmente me inspira».

¡Pues no dejes de escribir esas canciones, Miley!

Capítulo 15

Amores

Cuando eres una estrella tan espectacular como Miley Cyrus, abundan los rumores sobre quién te gusta y con quién estás saliendo. Seguro que Miley es incapaz de poner un pie en la calle con un chico sin que les hagan fotos, y al día siguiente salga en la prensa una historia sobre ella y su nuevo ligue.

Durante un tiempo, circularon rumores de que Miley y Nick Jonas estaba juntos. Al final, Miley lo confirmó, pero sólo después de que rompieran. «Empezamos a salir el día en que nos conocimos», confesó Miley a la revista *Seventeen*. Al parecer, Nick estaba decidido a conocer a Miley, y le dijo que pensaba que era muy guapa y que le gustaba mucho. Eso debió de encender la llama en el corazón de Miley, ¡porque a ella también le gustaba él! «Nick y yo nos queríamos mucho. Nos queremos, pero antes estábamos enamorados», dijo Miley. Y continuó diciendo que habían estado juntos durante dos años.

A Miley le costó mucho mantener esa relación en secreto. Y lo que lo hacía más difícil era que discutían mucho. Tanto Miley como Nick se pasaban el día trabajando, así que no podían pasar juntos tanto tiempo como hubiesen querido. Además, después de semejantes jornadas de trabajo, ambos estaban cansados. ¡Y cuando alguien está cansado, puede ponerse realmente borde! «No hacía más que preguntarme: "¿Y cuándo voy a tener tiempo de estar con mi novio?"» , confesó Miley a *Seventeen*.

Miley y Nick rompieron justo antes de salir al escenario durante la gira «Best of Borth Worlds». En una entrevista con *Seventeen*, Miley contó que le había preguntado a Nick: «¿No crees que todo esto nos supera ahora mismo? ¿No te va realmente mal en este momento de tu vida?». Nick le contestó que para él también era un momento muy difícil, y que pensaba que necesitaban un descanso. Y los dos empezaron a llorar. ¡Para que luego hablen de corazones rotos!

Durante meses después de la ruptura, Miley estuvo

muy triste. Admitió a *Seventeen* ¡que había llorado durante todo un mes! En medio de su depre, se tiñó de negro. Cuando salían, Nick quería que se hiciera reflejos, y ella lo hizo. Pero después de Nick, Miley quería algo diferente: «El día que rompimos fue como: "Quiero teñirme de morena ahora ya. No quiero estar mona; quiero estar *hard-core*"». Finalmente, Miley recuperó su cabello más claro después de superar parte del dolor de la ruptura.

Es duro romper con alguien a quien amas, y muchas veces quieres hacer algo drástico para rebelarte. Miley tiene la cabeza bien amueblada, así que lo peor que hizo fue teñirse el pelo. Para ella, teñirse de negro demostraba al mundo que sin Nick era alguien diferente. ¡Pero romper es un marrón, y parece que nunca lo vas a superar! A Miley también le pasó. «Lo de Nick formaba parte del pasado, y no puedo vivir en el pasado. Pero ahora me siento genial.»

Aunque Miley y Nick ya no están juntos, siguen siendo amigos. Es difícil ser amigo de alguien con quien has salido, pero Miley es cabezota, y fue capaz de seguir adelante con la amistad. Después de todo,

¡los dos trabajan juntos de vez en cuando! «Estamos muy unidos, pero definitivamente de otra manera», dijo Miley a *Seventeen*.

Miley contó a *J-14* que antes de salier con Nick Jonas, Dylan Sprouse (conocido por *Hotel, dulce Hotel*), y ella «salieron un día». Sin embargo, sólo son amigos. Cuando los vieron en un cine juntos, acompañados de algunos amigos de Dylan, éste dijo: «Íbamos a ir al cine y decidimos invitar a unos amigos, incluida Miley. Y nos lo pasamos de coña».

También corrían rumores de que Miley estaba saliendo con el modelo y aspirante a cantante *country* Justin Gaston. Justin tiene cinco años más que Miley y es un tío de bandera. Miley ni confirmó ni negó los rumores. Pero se ha visto a Justin yendo a misa con el clan Cyrus, en el «Disney's Concert of Hope», en la fiesta del decimosexto cumpleaños de Miley en Disneylandia y en otras ocasiones.

Sea o no el novio de Miley, a Billy Ray le cae bien Justin. Billy Ray contó a *Access Hollywood* que: «[Justin] me recuerda mucho a mí cuando tenía veinte años y vivía persiguiendo mi sueño. Tiene un gran corazón y es muy perseverante. Creo que la auténtica medida de un hombre la da su corazón». Así que, si Miley y Justin son pareja, ¡papá lo aprueba!

A Miley le encanta estar en pareja, y sin duda ha tenido su ración de tíos superguapos, pero tampoco le importa estar sola. Disfruta de la oportunidad de centrarse en sí misma y en lo que la hace feliz, y de pasar un montón de tiempo con sus amigos. Está convencida de que pasará un montón de tiempo antes de que esté preparada para liarse en serio con un chico, así que por ahora, ¡se limita a divertirse!

Capítulo 16

Un año espectacular

Seguro que Miley Cyrus supo que iba a tener un gran 2008 desde el momento en que el calendario cambió del 31 de diciembre al 1 de enero. Miley empezó el año con una aparición en *Dick Clark's New Year's Rockin' Eve*. Ese programa de televisión, un clásico en Estados Unidos, lleva emitiéndose en Nochevieja desde 1972. A partir de 2005, Ryan Seacrest presenta la parte del programa que se filma en Times Square. Miles de personas se apiñan en las calles de Nueva York, viendo actuaciones y esperando a que caiga la famosa «bola», y marque el inicio del nuevo año. En el programa de 2008 (¡que en realidad empezó en 2007!), Miley cantó «Start All Over» y «G.N.O.». Luego, más tarde, cantó «We Got the Party» con los Jonas Brothers.

¡El año fue cada vez mejor! Con una peli de éxito y un CD que batía récords a su espalda, ¿qué más podía querer? Bueno, una estrella como Miley necesita brillar, y eso fue lo que hizo. No puedes abrir una revista o poner un canal de la televisión estadounidense sin ver la sonriente cara de Miley. De hecho, en 2008, la revista *Time* puso a Miley en la lista de las «100 personas más influyentes», junto con otros artistas y comunicadores.

Miley recorrió los programas de entrevistas de la tele y habló para muchas revistas de jóvenes. Pero seguramente una de las entrevistas más emocionantes fue la que dio a Barbara Walters. «The Barbara Walters Special» se emitió justo antes de la gala de los Premios de la Academia, los Oscar, y lo vieron millones de espectadores. En el mismo programa, Barbara también entrevistó al famosísimo Harrison Ford, a la nominada al Oscar, Ellen Page (conocida por *Juno*), y a Vanessa Williams, nominada para los Emmy (que hace el papel de Wilhelmina en *Betty la Fea*), así que Miley estaba bien acompañada.

Barbara Walters tiene algo especial que hace que sus invitados le cuenten intimidades, y Miley no fue una excepción. Miley le habló a Barbara de sus aspiraciones como actriz, de que quería ser un ejemplo para otros jóvenes y mantener la cabeza en su sitio. Cuando Barbara le preguntó por la presión pública para que fuera perfecta, Miley le comentó: «Me han puesto en una posición en la que tengo cámaras alrededor todo el tiempo... Es como si no pudiera escapar de la prensa, ni pudiera escapar del mundo en el que vivo. Es duro porque soy joven, ¿sabes? Salgo con mis amigos y es como: "Ostras, ya han hecho una foto"». Por los comentarios que le hizo a Barbara Walters, es evidente que ¡tener a las cámaras encima veinticuatro horas al día es realmente duro!

Miley y Barbara hablaron de que hay muchas estrellas jóvenes de Hollywood que dejan que la fama se les suba a la cabeza, y luego se meten en líos. Pero Miley le contó que ella no se rebela y que confía en su familia para mantenerla centrada. «Ya sé que hay gente que no tiene una familia a la que recurrir como tengo yo —comentó Miley—. Pero hay muchas personas que tienen buenas familias, pero no ven que la familia es mucho más importante que todas las cosas materiales que tienen delante ahora mismo, como ir de fiesta.»

Barbara también habló con la madre de Miley, que admitió: «No diría que soy muy, muy estricta. Pero sin duda pongo un montón de límites». Tish le contó muy orgullosa a Barbara que siempre supo que Miley sería una estrella. «Desde que tenía dos o tres años, se plantaba en casa del padre de Billy Ray y empezaba a cantar "Tomorrow" a grito pelado.»

Después del programa especial de Barbara Walter, se retransmitió en la misma cadena la ceremonia de los Oscars. Glamurosas estrellas desfilaban por la alfombra roja, parándose para que les hicieran fotos y preguntas. Pero una de las más glamurosas fue Miley Cyrus. Con la melena peinada con raya a un lado y recogida en una coleta baja, y con un elegante vestido rojo de Valentino, ¡Miley estaba fabulosa! Cuando Ryan Seacrest pilló a Miley para hacerle unas preguntas sobre la alfombra roja, ¡Miley admitió que esperaba poder estar algún día en los Oscars como protagonista de una de las películas nominadas! Y cuando subió al escenario durante la ceremonia, Miley presento a Kristen Chenoweth cantando «That's How You Know» de la película *Encantada: La historia de Giselle*.

En los Oscars, Miley sólo fue una de las colaboradoras que anunciaban a los ganadores, pero en otra prestigiosa gala de premios fue la presentadora: los Teen Choice Awards, que son como los Emmy de televisión, pero para adolescentes. La gala fue el 4 de agosto en el Anfiteatro Gibson de Universal City. Miley abrió con su single de éxito «7 Things». Mientras Miley cantaba, corría en todas direcciones, y sólo se paró para dar una rosa a Fergie, que estaba entre el público. Y Fergie se quedó alucinada cuando recibió el regalo de Miley. Como cualquier otra fan de Miley, ¡Fergie saltaba como loca!

Y al igual que Fergie, esa noche Miley tenía muchos motivos para celebrar. Además de la emoción de presentar la gala, Miley se fue con tres premios: el de mejor comedia de televisión (por *Hannah Montana*), el de actriz cómica y el de artista femenina. ¡Qué flipe de noche!

Sin embargo, los *Teen Choice Awards* fueron sólo el primer espectáculo que Miley presentaría ese año. El 15 de abril, presentó, junto con su padre Billy Ray, los séptimos premios anuales de la Country Music Television, los premios televisivos a la música *country*. La ceremonia tuvo lugar en Centro de Eventos Curb de la Universidad Belmont, en Nashville. Aunque esa noche Miley tenía una infección de garganta (algunos informes dicen que la noche anterior había tenido fiebre de 39,5 ºC), estaba fabulosa sobre la alfombra roja, con un vestido blanco con flores rojas que se abrochaba en el cuello, y le dejaba la espalda al descubierto. Y fijo que Miley se sentía estupenda cuando salió al escenario con su padre para cantar «Redy, Set, Don't Go».

Sin embargo, el año 2008 no sólo fue de fama y éxito para Miley. Ella sabe lo afortunada que es, así que quería hacer algo para agradecerlo. Junto con quince de las cantantes femeninas más conocidas, incluidas Mariah Carey, Beyoncé, Rihanna, Fergie y Carrie Underwood, Miley participó en una iniciativa de una hora para recaudar fondos para la investigación contra el cáncer. Las chicas cantaron la hermosa canción «Just Stand Up», que se publicó como *single* y que también tuvo mucha difusión mediática como vídeo.

Miley también participó en el «Concert for Hope», un concierto especial cuya recaudación iba dedicada a la investigación contra el cáncer y a los programas de tratamiento en City of Hope, un centro privado dedicado a tratar el cáncer y otras enfermedades graves. «Creo que es muy importante —declaró Miley a un reportero de *Times Online*, de Gran Bretaña a propósito de su apoyo a City of Hope—. Porque muchos chicos tienen sueños e ilusiones... y las personas a las que se les diagnostican esos tipos de cáncer y esas cosas de tan jóvenes, piensan que no van a tener una oportunidad de soñar.» Miley le dijo al reportero que quería conseguir fondos para ayudar a encontrar una cura para el cáncer y «dar a esos chicos la oportunidad de realizar sus sueños. Porque el futuro es de los jóvenes».

Con el grupo Almost Amy como presentadores, en el que se hallan Mark Ballas y Derek Hough de *Dancing with the Stars* (el equivalente a *Mira quien baila*), el concierto en apoyo a City of Hope consiguió 1,2 millones de dólares. Actuaron Miley Cyrus, los Jonas Brothers y Demi Lovato, ante el Anfiteatro Universal de Los Ángeles lleno a tope y con las entradas agotadas.

En el concierto, Miley actuó después de los Jonas Brothers. Llevaba unos vaqueros ajustados y una camiseta con una foto del grupo de su hermano Trace, los Metro Station. A Miley la acompañaban cinco músicos, dos vocalistas de coro y ocho bailarines, y puso el ambiente al rojo vivo con las canciones de su álbum *Breakout*. «Agradecemos a Miley Cyrus, a los Jonas Brothers, a Demi Lovato y a sus fans su apoyo a City of Hope y a nuestra misión, que es salvar vidas —dijo en la *web* de la fundación el doctor Michael A. Friedman, presidente y director ejecutivo de City of Hope—. Sus extraordinarios esfuerzos asegurarán la continuidad de los avances médicos y que pronto podamos proporcionar nuevos tratamientos a los pacientes que los necesitan.» ¡El compromiso de Miley con las organizaciones caritativas es realmente extraordinario!

El 12 de octubre, Miley actuó en Londres, en el concierto televisado *Switch Live*, patrocinado por la BBC. Este enorme concierto, dirigido a los menores de edad, fue un alucine en Gran Bretaña. Miley subió al escenario en el Hammersmith Apollo, ¡y el público se puso como loco! También actuaron Fall Out Boy y Ne-Yo, entre otros.

Luego, en noviembre, Miley llegó a la pantalla grande. Bueno, su cara no apareció, pero sí su voz. Miley puso la voz a Penny en *Bolt*, la película de dibujos animados número 47 de Disney. La peli es la historia de un perro llamado *Bolt* (al que puso voz John Travolta), que ha vivido toda su vida en el plató de una serie de televisión en la que hace de perro superhéroe. ¡Y *Bolt* piensa que sus superpoderes también son reales fuera del plató! Miley pone voz a Penny, la dueña de *Bolt* en la serie. Cuando, accidentalmente, se llevan a *Bolt* del plató de Hollywood a la ciudad de Nueva York, él se da cuenta de que debe confiar en algo que no sean sus «superpoderes» para volver a casa con Penny.

Durante las Navidades, Miley apareció en un álbum de Disney, *All Wrapped Up*. En él interpreta su propia versión de «Santa Claus is Coming to Town», ¡y es una caña! En ese álbum especial también aparecen los Jonas Brothers, Jordan Pruitt y Demi Lovato.

Además de todos los programas de entrevistas, las galas de premios y los conciertos especiales, a Miley se le concedió un honor muy especial cuando el Museo Madame Tussaud de Nueva York inauguró en marzo su estatua de cera. El Madame Tussaud es el famoso museo de cera de Londres, que más tarde abrió también sus puertas en Nueva York. Quien montó el museo fue Marie Tussaud, una escultora en cera. Tussaud nació en 1761 en Francia y más adelante se mudó a Londres, donde creó su propio museo de cera. El museo se ha convertido en una gran atracción turística y tiene sucursales en diferentes países del mundo. Hay estatuas de cera de estrellas del deporte, de músicos, actores y políticos. La figura de Miley lleva unos vaqueros negros muy ajustados, un *top* azul y dorado y unas sandalias abiertas. ¡Y claro, está sonriendo!

¡Sí, nadie duda de que Miley tenía motivos para sonreír en 2008!

Capítulo 17

El papel más importante

Cuando eres una estrella con una famosísima serie de la tele, una peli rompedora, tres CD que arrasan en las listas de éxitos y conciertos hasta la bandera por todo el país, es normal encontrarte con tu retrato en todas las revistas de jóvenes. Así que no es de sorprender que haya chicas que te admiren por todas partes. Siguen todos tus movimientos, se fijan en cómo te vistes, saben dónde y qué comes, y con quién sales. Básicamente, lo saben todo sobre ti.

Las estrellas adolescentes soportan mucha presión. Deben controlar cada paso que dan. Si fueras una estrella adolescente, no querrías hacer nada que pudiera considerarse «fuera de la raya». Hay que ir siempre por el buen camino.

De todas formas, la gente se ha obsesionado con los famosos desde el principio de los tiempos, ¿o no?

Pregúntales a tus padres y tus abuelos por Elvis (que hacía que las adolescentes se desmayaran), o por los Beatles (que las hacían llorar), o por David Cassidy (cuyos pósters adornaban muchas paredes). ¿Qué diferencia hay con la obsesión actual por los famosos?

Hoy, los jóvenes pueden adorar a sus ídolos a todas horas: los ven en la tele, pueden descargarse sus temas en el iPod y pueden recibir alertas del club de fans en la bandeja de entrada del e-mail o en el móvil. Ahora, los jóvenes se sienten más cerca que nunca de sus famosos favoritos. Algunos incluso llegan a pensar en sus ídolos como si fueran sus amigos más cercanos.

Lo más probable es que Miley no llegue a ser tu amiga, pero es la clase de chica que te gustaría tener como amiga, y también es la clase de chica que admiras. Cuando un periodista de *Time For Kids* preguntó a Miley si le pone nerviosa saber que es el modelo de miles de fans, Miley le respondió: «Sí. Aumenta la presión, pero también me emociona mogollón saber que la gente me admira». Y según Miley, ¿qué hace que alguien sea un buen modelo de conducta? «Creo que hay que saber quién eres antes de tratar de ayudar a la gente a encontrarse a sí misma. Sí, creo que debes saber quién eres.»

Miley es totalmente consciente de la presión social que recae sobre ella. Como es la hija mediana de su familia, sus hermanos pequeños siempre la han admirado. Siempre le han pedido consejo a Miley, y ella siempre ha estado dispuesta a dárselo. Miley es un gran modelo de conducta para sus hermanos; pueden ver que el éxito no se le ha subido a la cabeza. Sigue siendo la hermana sincera y práctica que siempre ha sido. Miley puede estar segura de que sus padres la han educado bien y le han enseñado a ser una buena persona.

Billy Ray conoce muy pero que muy bien la presión que existe en el negocio del entretenimiento. Y ha advertido a Miley que debe fijarse tanto en lo bueno como en lo malo. Por eso, Billy Ray está seguro de que Miley no va a ser una joven alocada que se meta en mil líos. «La veo como Miley Cyrus —contó a *USA Today*—. Nunca se convertirá en alguien diferente. Tiene mucha personalidad. Creo que toma prestado un poco de aquí y un poco de allá, pero tiene personalidad propia.»

Miley sabe que Billy Ray ha sido un buen modelo para ella. Y en casa, sus padres no la tratan como a una estrella, lo que la mantiene con los pies en el suelo. ¡Como cualquier otra chica, Miley tiene que hacerse la cama y ordenar su habitación!

Miley ha aprendido de su padre a tratar a sus seguidores con respeto. En más de una ocasión, cuando era pequeña, Miley vio cómo los fans perseguían a su padre cuando estaba en familia, pero aun así Billy Ray siempre encontraba un momento para ellos. Le decía a Miley: «Esta gente es la que te mantienen en la cúspide. Sé buena con ellos». Sin duda, papá ha educado bien a Miley.

El 13 de julio de 2004, Miley estaba en un evento de un club de fans de Billy Ray, que se celebraba durante el Festival de Música de la Asociación de Música Country, en Nashville. En mitad de la fiesta, Billy Ray y Tish sorprendieron a su hija con una guitarra Daisy Rock Girl. ¿Qué tiene de especial? Bueno, pues que Miley era la artista más joven que la Daisy Rock Company había patrocinado en su historia.

La misión de Daisy Rock, que es la única marca de

guitarras que las fabrica específicamente para chicas, es hacer que las adolescentes aprendan a tocar la guitarra y logren sus sueños. La ambición y la energía de Miley les cuadraba perfectamente. «Cuando mi esposa Tish y yo nos enteramos de la existencia de las guitarras Daisy Rock, supimos que constituían el instrumento y la actitud perfectos para Miley», explicó Billy Ray.

Y si miras una guitarra Daisy Rock Girl, verás que es brillante y reluciente, ¡como Miley!

Capítulo 18

Los dulces dieciséis

Muchas chicas están deseando cumplir dieciséis años. Algunas lo ven como el momento que las acerca al ansiado coche, porque en Estados Unidos los adolescentes pueden sacarse el carnet de conducir a esa edad. Otras lo ven como el momento que las acerca a la independencia de sus padres. ¡Y otras lo ven como una posibilidad de celebrar una gran FIESTA! Para muchas chicas, cumplir los dieciséis es una razón para hacer una gran fiesta. Algunas de esas celebraciones son sólo con familiares o con amigos íntimos. Otras son todo un montaje, como las que aparecen en el *reality show* de MTV, *My Super Sweet Sixteen*, una serie donde se ven las fiestas que dan algunas chicas ricas para celebrar su dieciséis cumpleaños.

La fiesta de Miley fue una auténtica pasada, ¡aunque sin todo el drama que se ve en el *reality*! Miley lo celebró en el lugar más alegre del mundo: ¡Disneylandia! La familia de Miley cerró el parque para esa ocasión y permitió que asistieran cinco mil de sus fans. Cada uno de ellos pagó doscientos cincuenta dólares por el privilegio de estar en la fiesta de "casi" cumpleaños de Miley (el evento fue el 5 de octubre y ella cumplía los dieciseis años el 23 de noviembre).

La recaudación se donó al Youth Service America, que según el sitio *web* de la agrupación «es un centro de recursos que une a miles de organizaciones comprometidas con mejorar la cantidad y la calidad de las oportunidades de voluntariado para los jóvenes, de los cinco a lo veinticinco años, que quieren ayudar local, nacional o globalmente». En la fiesta, Miley hizo un homenaje a algunos de los voluntarios de Youth Service America. También le entregó a la agrupación un cheque por valor de un millón de dólares de parte de Disneyland Parks and Resorts. «Lo mejor de la fiesta fue que pudimos conocer a algunos chavales muy guays del Youth Service America, que prestan ayuda en sus comunidades. Eso es fabuloso, porque creo que es muy importante que los jóvenes como nosotros hagamos de voluntarios», decía una cita de Miley en el sitio *web* de la agrupación Youth Service America.

La fiesta fue increíble. Hubo un desfile de famosos, e incluso una alfombra violeta, ya que ¡el violeta es el color favorito de Miley! Durante toda la tarde, algunas de las atracciones del parque, como la Montaña del Espacio, la Montaña Gran Trueno y los Piratas del Caribe, estuvieron abiertas para que los invitados pudieran disfrutarlas. Otras actividades eran «maquillarse al estilo de Hannah Montana» o jugar con el videojuego de Disney Interactive Studios «Ultimate Band».

Disneylandia aprovechó la oportunidad para promocionar su próxima campaña «¿Qué vas a celebrar?». El parque anima a los turistas a tomarse unas «vacaciones de celebración» con sus familias. Desde 2009, los asistentes a Disneylandia y a Walt Disney World pueden entrar gratis el día de su cumpleaños si presentan un carné de identidad u otro documento que demuestre su fecha de nacimiento.

Además de los fans que pagaron su entrada, esa tarde el parque estaba lleno de famosos. Nombres como David Archuleta, Demi Lovato, Julianne y Jennie

Garth, Steve Carrell, Cindy Crawford, Tyra Banks y Jennifer Love Hewitt estaban entre ellos. Miley explicó a *Entertainment Tonight* que la fiesta había sido «la noche más fantástica y mágica que habría podido imaginarme».

Pero la mayor atracción fue el concierto de cumpleaños de Miley. Billy Ray hizo de telonero de su hija con unas cuantas de sus canciones, que evidentemente incluyeron «Achy Breaky Heart». Hasta el «novio» de Miley, Justin Gaston, subió al escenario para cantar. Cuando Miley apareció en escena, llevaba una falda blanca de volantes y un chaleco con «Sweet 16» pintado en la espalda. La cumpleañera cantó cuatro canciones, entre ellas «Breakout» y «G.N.O.».

Varios entrevistadores le preguntaron qué quería para su cumple, y ella respondió a todos: «Un coche». Además Miley desveló uno de sus regalos: un adorable perrita llamada *Sophie*. Aunque seguro que Miley tenía una larga lista de regalos para su cumpleaños, estaba alucinada con la fabulosa fiesta que le habían organizado sus padres. Seguro que Tish y Billy Ray estaban encantados de montarle a su hija una fiesta para sus dulces dieciséis. Billy Ray dijo a *Access Hollywood* que la fiesta era «sólo una forma de celebrar la vida; eso significa esta noche».

Cuando llegó el momento de cantar «cumpleaños feliz», con Miley subió al escenario toda su familia y, ¿sabes quién?, ¡Mickey Mouse! La tarta tenía dieciséis velas gigantes hinchables. Para acabar la noche, también hubo fuegos artificiales, especialmente diseñados para la ocasión, sobre el Castillo de la Bella Durmiente. La celebración duró hasta las once de la noche, pero ¡fijo que los recuerdos de Miley durarán para siempre!

Capítulo 19

¡Estilo!

No importa si es pijo, siniestro, deportivo, glamuroso o *funky*, todo el mundo tiene su estilo propio. Pero en el caso de Miley, es necesario tener tres estilos de moda diferentes: como Miley Stewart, como Hannah Montana y como Miley Cyrus. ¿Cómo no los confunde? Es fácil, ¡es una auténtica profesional!

Por supuesto Miley sabe que tiene que fijarse mucho en lo que se pone, porque sus jóvenes fans no le quitan el ojo de encima. Es cierto que tiene un asesor de moda, pero Miley le contó a Oprah Winfrey: «Me quedo con lo que me resulta cómodo y con lo que me gusta, y nunca llevo cosas que sean demasiado exageradas. Me gusta verme como les gustaría vestir a las chicas, y que a la vez sus padres les digan: "Eh, me encanta. Es diferente". —Miley siguió hablando sobre su estilo—: Se me ve muy juvenil y eso me hace sentir confianza en mí misma».

Como Hannah Montana no viste sencilla precisamente. A Hannah le encantan los accesorios y todo lo que reluce. Desde su deslumbrante ropa hasta su maquillaje, Hannah tiene brillo propio. ¿Quieres vestir como Hannah? Aquí tienes la lista de la compra:

Pelo: Peluca rubia (la peluca que Miley lleva en su papel de Hannah pesa mucho; hay veces que ¡Miley tiene miedo de que se le caiga en medio del escenario!).

Camisas: Una blusa larga, vaporosa, de aire *vintage*; una camiseta ajustada con un blusón transparente encima; una camiseta de tirantes con tachuelas.

Vestidos: ¡Definitivamente mini!

Chaquetas: Cualquier cosa entallada; algo con brillantes de estrás; una cazadora vaquera gastada.

Zapatos: Botas camperas; botas de piel vuelta; botas de piel.

Pantalones: *leggins*; vaqueros muy ajustados.

Accesorios: Un fular de colores brillantes; un collar de cuentas; collares largos de cadena.

Miley contó a la revista *People* que tanto a ella

como a su personaje, Hannah Montana, les gusta cambiar de estilo. «Así es como creo que se ve mi auténtica personalidad. Cambio mucho —admitió Miley—. Mi abuela y mi madre llevan el mismo maquillaje siempre. Creo que yo no sería capaz de hacerlo. Mi ropa favorita de un día puede ser la que menos me mola al día siguiente, porque he encontrado algo que me gusta mucho más.» Pero aunque a las dos les guste cambiar de estilo, Miley cree que Hannah tiene une estilo más femenino y tradicional que ella. Y aunque Miley se pone elegante para las sesiones de fotos, dice: «En la vida real, si llevo un vestido, me pongo también unas deportivas Converse. Nunca he ido superarreglada".

Aunque la Miley ajena a la pantalla no tiene problemas en confesar que es una adicta a las compras y que adora comprar zapatos y bolsos, tiene un estilo muy práctico. En su autocar de gira, puedes encontrar a Miley con una sudadera, un jerseyi con capucha y botas Uggs. Y en una sesión de fotos para la revista *Popstar!,* Miley se presentó con una sudadera con capucha de la línea Pink de Victoria Secret. «No siempre elijo la ropa más cara —contó a la revista *Teen*—. No importa lo poco que cueste. [Hace unos días] me compré unos zapatos de seis dólares, y pensé: "Genial".»

¡Lo cierto es que una de las tiendas favoritas de Miley es Target! A Miley le encanta Target, un establecimiento de productos económicos, porque puede conseguir ropa que no es cara, pero está a la moda. De esa manera, ¡no tienes la impresión de que has tirado el dinero si lo que compras se pasa de moda en dos semanas!

Miley siempre está dispuesta a correr riegos cuando se trata de moda. No es de las que siguen las últimas tendencias. En vez de eso, prefiere ser ella quien cree tendencia. A veces, Miley elige una camiseta y unos pantalones que a primera vista parece que no peguen nada. Pero cuando se los pone y se coloca unos cuantos accesorios, ¡le quedan fantásticos! Miley siempre repite a la gente que vaya a la suya cuando se trata de vestir. ¡Quién sabe! ¡A lo mejor tú también creas!

Pero, como muchos jóvenes, Miley no siempre está segura de su *look*. Se pasa muchas horas delante del espejo, ¡y no siempre le gusta lo que ve! Se queja del pelo, de la nariz y de los dientes. Pero luego se le pasa, y reaparece la confianza en sí misma. Entonces se confiesa: «Soy guapa».

En una entrevista para la revista *Girls' Life*, Miley dejó escapar un secretillo: no le gusta nada vestirse de gala. Si la vieras en algún evento de los de alfombra roja, seguramente llevaría los zapatos en la mano. Al fin y al cabo, ¡los zapatos de tacón alto pueden ser un suplicio para unos pies adolescentes! «Si pudiera ir a los estrenos con mi sudadera, ¡lo haría! Si llevas ropa ancha y te pones una camiseta ajustada, estás mona. La ropa de una chica no tiene por qué ser, ya sabes, todo en plan guay.»

Como a su otra identidad, a Miley le gusta llevar abalorios. Le molan los collares y los pendientes, pero adora las pulseras. Lleva una pulsera de la suerte que le hizo su madre, y dos más que le regalaron sus fans. Y nunca se las saca. En algunas fotos de Miley no se ven las pulseras, pero es porque las han borrado (un pequeño truco de la industria de la moda cuando no quieren que veas algo). Una de las pulseras de Miley es una cinta de plástico, como la que dan en los parques acuáticos. Al principio, era naranja. Ahora parece un trozo de cuerda gris. Su madre piensa que es un asco, pero Miley se niega a sacársela. Miley lleva también siempre una pulsera que dice «Vive y ama», que le regaló una amiga. Sin embargo, la joya más especial para Miley es un anillo. En algunas fotos, se la ve con ese anillo en el índice de la mano derecha. Ese anillo, que es como un aro sencillo, eran en origen dos anillos que su padre le había regalado a su madre. Como regalo del día de San Valentín, Billy Ray hizo que fundieran los dos anillos en uno y se lo regaló a Tish. Luego Tish se lo pasó a Miley. ¡Qué mono!

Comparándose con Hannah, Miley contó a la revista *People*: «Su estilo es más femenino típico, y yo soy más informal. Y muchas veces me busco líos por eso. Mamá se pone: "¡No te pasará nada por ser femenina por un día!"».

Cuando se trata de estilo, la Miley de verdad y la Miley de la tele se parecen bastante. Claro que Miley se tiene que arreglar cuando está en público, o va a una sesión de fotos, pero cuando está fuera del plató, la ropa cómoda le parece ideal.

Si fueras de compras con Miley, ésta podría ser una lista de lo que buscaríais:

Camisas: camisetas de algodón de tirantes; camisetas de manga larga y corta; camisetas con dibujos; camisetas con capucha; túnicas; camisas; una blusa blanca de encaje con botones.

Vestidos: Un vestido elástico; un vestido mini amplio para llevar con *leggins*; un vestido mini brillante; vestidos largos (pero sólo para las ocasiones especiales).

Faldas: Una falda vaquera mini; una mini de volantes.

Chaquetas: Sudaderas; un jersey de lana deshilachado; una cazadora vaquera; una americana negra básica; un chaleco blanco.

Zapatos: Playeras de lona; botas de piel con tacones; botas gruesas de piel; sandalias de vestir; chanclas.

Calcetines: Largos y finos.

Pantalones: Vaqueros muy ajustados; vaqueros normales; *shorts* vaqueros; pantalones de camuflaje; pantalones fruncidos en la cintura; *leggins*.

Gorros: Gorras de béisbol; gorras de lana.

Accesorios: Pulseras; gargantillas; un bolsón de cuero.

Aunque a Miley le gusta comprar en tiendas como Target, Forever 21, Wet Seal y Urban Outfitters, sí que se pone ropa de diseño cuando tiene que ir a algún sitio especial. Aquí están algunos de los sitios donde se ha visto a Miley vestida de diseño.

- En el especial "Idol Gives Back" de *American Idol*, Miley llevaba unos vaqueros J Brand 910 con una blusa de lentejuelas.
- En los *2008 Kids' Choice Awards* de Nickelodeon Miley apareció con un vestido de tirantes con incrustaciones de estrás de Stella McCarney y llevaba un bolso de rubíes sin asas de Swarovski.
- En la entrega de los Grammy, el 10 de febrero de 2008, Miley lucía un fabuloso vestido de Celine.
- En la gala de los Oscars, Miley recorrió la alfombra roja con un vestido rojo de falda hasta el suelo de Valentino.

Cuando salen, muchas chicas necesitan algo más que vestirse bien, y Miley no es una excepción, ¡el maquillaje es imprescindible! Aunque Miley no lleva mogollón de maquillaje, normalmente se la ve con raya de ojos negra y rimmel negro. Su pintalabios no es muy llamativo: o bien lleva sólo brillo o algo de un tono rosa pálido. En los párpados, Miley prueba tonos diferentes, desde una combinación de rosa y gris hasta el violeta oscuro o el verde lima, o el bronce, o incluso el plata. Pero cuando se quita el maquillaje, ¡Miley sigue siendo muy guapa!

En cuanto al pelo, Jennifer Llewelyn, la estilista de Miley en su gira «Best of Both Worlds», le arregló el pelo a Miley de dos formas básicas: rizado y liso. ¡Incluso el pelo de Miley tuvo lo mejor de ambos mundos! Para conseguir el *look* de Miley, primero coge unas horquillas grandes y sepárate la capa superior del pelo de la inferior. Pásate el secador primero por la parte inferior, luego sigue por la superior. Usa un cepillo redondo cuando te seques la parte de arriba para darle volumen al cabello. ¡No te olvides de ponerte algún producto para protegerte del calor, si no, a lo mejor se te encrespa! Para conseguir el cabello liso de Miley necesitas una plancha para el pelo. No te olvides de plancharte el pelo por partes, y ten mucho cuidado, ¡las planchas de hierro se pueden calentar muchísimo! Si quieres conseguir los rizos de Miley, usa unas tenacillas para rizarte el pelo. ¡Y ten mucho cuidado también con ellas! Cambia la dirección de los rizos para que parezcan más naturales.

Aunque, como todo el mundo, Miley sabe que tiene que comer bien para estar sana, Miley se permite algún capricho que otro aunque no sea tan sano. Pero, ¡eh! ¿y quién no? Algunos de sus alimentos favoritos, si se les puede llamar alimentos, son los ositos de goma y la masa de galletas. Su madre no está de acuerdo con que Miley coma la masa de las galletas, porque contiene huevos crudos, que pueden poner enfermo, pero Miley le dice que no se preocupe. ¡Una respuesta típica de adolescente! Y en cuanto al *catering* que suelen ofrecerle a Miley durante las sesiones de fotos, ella preferiría algo de comida rápida. Y como ya hemos dicho, a Miley le encanta ponerle ketchup a todo.

Sin embargo, da igual lo que coma, o lo que se ponga; el veredicto está claro: ¡sus fans la adoran de todas las maneras!

Capítulo 20

La música que mola

A Miley le encanta cambiar constantemente de estilo de vestir, pero eso no es lo único que le gusta cambiar. En muchas entrevistas, Miley ha admitido que su música favorita también es ecléctica. Desde el *country* al pop rock, pasando por el pop *punk* y el *rhythm & blues*, el gusto de Miley es muy amplio. Aquí tienes a algunos de los artistas que inspiran a Miley:

Su paisana de Tennessee, Dolly Parton, es uno de sus ídolos musicales. Igual que Miley, Dolly Parton empezó a cantar de muy pequeña. Incluso antes de saber leer y escribir, Dolly ya inventaba canciones. Tuvo su primera guitarra a los ocho años, y a los once ya estaba cantando en una emisora de radio de Knoxville, en Tennessee. En cuanto acabó el insti, Dolly se mudó a Nashville para empezar su carrera. ¡Y menuda carrera!

Dolly ha tenido 26 *singles* en el número uno de las listas de éxitos (un récord para una artista femenina), y ¡42 álbumes en los Top 10 Country Albums! También ha participado en algunas de las mejores canciones de los Top 40 durante las últimas cinco décadas. A Miley debe de inspirarle mucho el éxito de Dolly, y te aseguro que alucinó cuando su ídolo colaboró como invitada especial en un episodio de *Hannah Montana*.

A Miley le gusta la música *country*, pero también el pop, y uno de sus ídolos pop es Kelly Clarkson. Kelly fue la ganadora de la primera edición del popular *reality show* de televisión *American Idol*, el equivalente a *Operación Triunfo* de Estados Unidos. Después de hacerse con el primer premio del programa, Kelly firmó con la discográfica RCA y sacó su primer álbum, *Thankful*. El segundo álbum de Kelly, *Breakaway*, fue varias veces platino y también tenía un estilo más pop-rock. El 26 de junio de 2007, Kelly sacó su tercer álbum, *My December*. Ocho de los *singles* de Kelly han estado entre los diez primeros puestos de la lista Billboard Hot 100. Seguro que Miley se siente muy inspirada por el ascenso a la fama de Kelly, pero también sabe que esta antigua alumna de *American Idol* tuvo que esforzarse mucho para llegar adonde está.

El gusto musical de Miley también incluye el pop *punk*, y le encanta el grupo Paramore. Este grupo, que ha salido también de la ciudad natal de Miley, Franklin, en Tennessee, está subiendo como la espuma dentro del mundo de la música. El grupo lo componen la vocalista, Haley Williams, Jeremy Davis al bajo, y los hermanos Joshua y Zachary Farro (Josh toca la guitarra y Zac la batería). Haley, Josh y Zac se conocieron en el colegio, y descubrieron que compartían el gusto por la música. Formaron Paramore en 2004, después de añadir a Jeremy al grupo. Su primer bolo fue en Nashville, y en seguida se metieron en el bolsillo a un montón de seguidores locales, ¡incluida Miley! El éxito les llegó en 2005, cuando John Janick, el fundador de Fueled By Ramen, un sello discográfico independiente de Florida, los vio tocando allí. Janick alucinó con Paramore y los contrató para su discográfica. El primer álbum de Paramore, *All We Know is Falling*, creó un revuelo en la industria musical. En 2006, el grupo dio una gira por toda América del Norte, Europa y Japón. En 2007, sacaron su segundo álbum, *Riot*, que consiguió el platino. La fama de Paramore ha seguido creciendo, pero lo que realmente les ha dado el mayor empujón comercial han sido dos de sus singles, «Decode» y «I Caught Myself», que aparecen en la banda sonora de la famosísima película *Crepúsculo*. ¡Miley debe de estar muy orgullosa de que alguien de su ciudad se haya hecho tan famoso!

Además del *country*, el pop rock y el pop *punk*, Miley tiene influencias del *rhythm and blues*. Beyoncé Knowles, una cantante y compositora de *R&B* es otra de las artistas que han inspirado a Miley Cyrus. Nacida en Houston, Texas, Beyoncé se dedica a la música desde que era pequeña. Estudió en una escuela de canto y participó en concursos de baile y canto. Beyoncé se hizo famosa a finales de los noventa, cuando era la vocalista principal del grupo Destiny's Child, que es el grupo de chicas que más ha vendido en la historia. Beyoncé conoció el éxito con el grupo, pero también quería ir por libre. En 2003, sacó su primer álbum en solitario *Dangerously in Love*, y tuvo un éxito tan impresionante que la hizo ganar cinco Grammys. Beyoncé sacó su segundo álbum, *B'Day*, en 2006, y su tercero, *I Am... Sasha Fierce*, en 2008. En total, Beyoncé ha vendido más de 63 millones de discos en todo el mundo. También se ha convertido en una auténtica actriz de cine, con papeles protagonistas en *La Pantera Rosa* y *Dreamgirls*.

Viendo la carrera de Beyoncé, se pueden encontrar muchos parecidos con el camino que está recorriendo Miley. Tanto Beyoncé como Miley han acabado haciendo una carrera en solitario y ambas han llegado a la gran pantalla. ¡Seguro que Miley ha extraído un poco de cada una de sus influencias musicales para llegar a ser la gran estrella que es hoy!

Capítulo 21

Un cinco perfecto

Casi seguro que Miley es la número uno de tu lista de estrellas favoritas. Y si tuvieras que darle una puntuación entre el uno y el diez, sin duda le darías un diez. Así que fijo que te sorprenderá oír que, en realidad, Miley es un cinco, al menos según la numerología.

La numerología es una práctica basada de una afirmación del filósofo Pitágoras, de la antigua Grecia, quien dijo: «El mundo se basa en el poder de los números». Según esta teoría, todas las cosas, incluso los nombres, se pueden reducir a un número para averiguar la personalidad, el destino y la fortuna de las personas.

¿Cómo hemos averiguado que Miley es un cinco? Primero hemos anotado todas las letras del nombre completo de Miley. Pero hay un lío: tienes que usar el nombre que está escrito en el certificado de nacimiento. Destiny

Hope Cyrus es lo que constaba en la partida de nacimiento de Miley, pero como ella se cambió el nombre legalmente, hemos usado Miley Ray Cyrus. Luego hemos asignado a cada letra un número de la manera siguiente:

1	2	3	4	5	6	7	8	9
A	B	C	D	E	F	G	H	I
J	K	L	M	N	O	P	Q	R
S	T	U	V	W	X	Y	Z	

Primero sumamos los números que forman MILEY: 4 + 9 + 3 + 5 + 7 = 28. Luego tenemos que reducir el número 28 a un único dígito, así que sumamos 2 + 8 y nos da 10. Entonces sumamos 1 + 0 y nos da 1. Recuerda este número.

Hacemos lo mismo con RAY: 9 + 1 + 7 = 17. Para pasar 17 a un solo dígito, sumamos 1 + 7 = 8. Recuerda también este número.

Finalmente, sumamos CYRUS: 3 + 7 + 9 + 3 + 1= 23. Para reducir 23 a un dígito, sumamos 2 + 3 = 5. Recuerda este número.

Ahora debemos sumar los números que has recordado: 1 + 8 + 5 = 14. Para reducir 14 a un dígito, sumamos 4 +1, que nos da 5. ¡Ésta es la respuesta! Miley es un 5 según la numerología. Pero ¿qué quiere decir eso?

¡Quiere decir que el número cinco casa a la perfección con Miley! Los cincos tienen diferentes talentos y son versátiles. Pueden hacer muchas cosas bien. Ésa es una buena descripción de Miley. Es una estrella del pop, de la tele y del cine. Y que sea capaz de ir pasando de Hannah Montana a Miley Cyrus prueba que es versátil. Y como una auténtica cinco, Miley sabe adaptarse a los cambios con facilidad.

Como cinco, Miley es especialista en presentar ideas y saber cómo lograr lo que quiere, ¡aunque ni siquiera ella puede evitar que la castiguen! Un montón de personas con la puntuación cinco se dedican al negocio del entretenimiento, que es exactamente donde aterrizó Miley.

A los cincos les encanta la aventura e ir constantemente de un lado a otro. A veces, esta característica los hace ser inquietos, y a los cinco les cuesta seguir una rutina. Algo que también ocurre con Miley, ¡pues su agenda cambia constantemente!

También puedes averiguar tu número. Sólo tienes que sumar las letras de tu nombre. ¿Quién sabe? ¡Quizá Miley y tú seáis gemelas numerológicamente!

Los **unos** tienen mucha seguridad en sí mismos, son decididos y disciplinados. Cuando alguien tiene autodisciplina, es capaz de corregirse o adelantarse para mejorar lo que está haciendo. Los unos también son grandes líderes. Las personas con el número uno son creativas, independientes y originales. Aunque los unos pueden ser generosos, deben tener cuidado de no volverse demasiado obsesivos consigo mismos.

Los **doses** son casi el opuesto de los unos. No les interesa ser líderes. Son justos y siembre calibran ambos extremos de una balanza antes de llegar a una conclusión. Los doses son muy amables, pacientes con los demás y dispuestos a prestarles su apoyo. Además pueden entender fácilmente la situación de los demás. Los doses deben tener cuidado de no dejar que se aprovechen de ellos.

Los **treses** son muy entusiastas. Tienen muy buen sentido del humor y están siempre a punto para una fiesta. Los treses son encantadores, creativos y muy amistosos. Sin embargo, pueden tener la lengua muy afilada, así que deben andarse con cuidado para no herir los sentimientos de los demás.

Los **cuatros** son prácticos y ordenados. Trabajan mucho y se toman muy en serio sus responsabilidades. Son muy firmes y a menudo pueden ser muy cabezotas, lo que acasiona más de un problema. A veces, los cuatros necesitan aprender a ser más flexibles.

Los **cincos** siempre están en movimiento y les encanta la aventura. Les gusta explorar y su curiosidad los lleva a lugares nuevos. Los cincos nunca están satisfechos con la normalidad; ansían el cambio. Suelen empezar muchos proyectos, pero no siempre los acaban, porque están constantemente buscando algo nuevo que hacer.

Los **seises** son persona que dan mucho de sí mismas. Son muy amables, generosos y cariñosos. Son muy comprensivos y ven la belleza de la vida. Como toman muchas decisiones con el corazón, a veces puede ser difícil razonar con ellos.

Los **sietes** a menudo son grandes maestros. Son inteligentes y reflexivos. Por eso, son solitarios, y pueden ser muy reservados. Los siete deben tener cuidado de no apartarse demasiado de los demás e intentan entablar relaciones.

Los **ochos** son líderes natos que consiguen grandes logros y tienen mucho éxito. A veces, los ochos son rencorosos, así que deben aprender a perdonar y olvidar.

Los **nueves** son muy compasivos. Siempre están ayudando a quien lo necesita, y son amables y generosos. ¡También son encantadores! Sin embargo, deben tener cuidado de no imponer sus creencias a quienes piensan de manera diferente.

Capítulo 22

Cambio de nombre

Destiny, Hope, Miley, Ray, Hannah. Cuántos nombres para una sola chica. Aunque Miley ya no usa el nombre Destiny Hope, sus padres la llamaron Destiny porque creían que estaba destinada a hacer grandes cosas; ¡y tenían razón! Aquí está lo que quieren decir los nombres de Miley:

Nombre: Destiny.

Género: Femenino.

Origen: Inglés.

Significado: «Destino»: algo que está determinado de antemano o es inevitable.

Nombre: Hope.

Género: Femenino.

Origen: Inglés.

Significado: «Esperanza»: algo que deseas y que

confías en que suceda, o que crees que serás capaz de conseguir.

Nombre: Ray.

Género: Masculino.

Origen: Inglés.

Significado: «Protector sabio». Miley tomó este nombre de su padre. Llamándose Ray, seguro que Miley siente que su padre está siempre protegiéndola.

Como en televisión Miley interpreta a un personaje llamado Hannah, muchos fans la llaman Hannah cuando la ven. Y a Miley no le importa. Esto es lo que significa el nombre Hannah:

Nombre: Hannah.

Género: Femenino.

Origen: Hebreo, inglés, francés, alemán.

Significado: «Favor o gracia», procedente del nombre hebreo Channah. En la Torah (el libro sagrado judío), Hannah es la madre del profeta Samuel. La versión cristiana del nombre es Ana.

Billy Ray puso su apodo a Miley cuando era un bebé. Proviene de la abreviatura de Smiley, que quiere decir «sonriente» o «risueña». Así pues, Miley no es un nombre de verdad, ¿no crees? Bueno, sí y no. En realidad Miley es un apellido irlandés. Proviene de la palabra irlandesa *muadh*, que tiene tres significados: «noble», «grande» y «suave». Quizá podamos usar «noble» para describir a Miley, pero ¿grande y suave? ¡Eso no tanto!

Capítulo 23

Estrella del pop

No hay duda: Miley Cyrus es una auténtica estrella del pop. Alguien puede pensar que el CD *Hannah Montana* fue directo al número uno de las listas sólo por la fama que tiene la serie de la tele, pero no es cierto. El CD tiene muchos méritos propios que son innegables. Contiene canciones bien hechas que van del pop adolescente, al rock y el *country*. Todo el álbum habla de pasárselo bien, ser uno mismo y tratar de conseguir los propios sueños, cosas con las que se identifican muchos niños y adolescentes. ¡Y la voz de Miley tiene tanta personalidad! Después de escuchar el CD verás cómo acabas tarareando las melodías y cantando las canciones en la ducha.

Miley, en su papel de Hannah, canta ocho temas. Los Click Five, Jesse McCartney, Everlife y B5 también aparecen en el CD. En la última pista, Miley canta una canción como ella misma, un dúo con su padre, Billy Ray.

Hannah Montana.

Temas:

1. «The Best of Both Worlds», Hannah Montana
2. «Who Said», Hannah Montana
3. «Just Like You», Hannah Montana
4. «Pumpin' Up the Party», Hannah Montana
5. «If We Were a Movie», Hannah Montana
6. «I Got Nerve», Hannah Montana
7. «The Other Side of Me», Hannah Montana
8. «This Is the Life», Hannah Montana
9. «Pop Princess», The Click Five
10. «She's No You», Jesse McCartney
11. «Find Yourself in You», Everlife
12. «Shining Star», B5
13. «I Learned from You», Miley Cyrus y Billy Ray Cyrus

También hay una edición especial con dos discos. El primero es el CD normal con las trece canciones. El segundo es un DVD con cinco vídeos musicales que salen en la serie:

1. «The Best of Both Worlds»
2. «Who Said»
3. «Just Like You»
4. «Pumpin' Up the Party»
5. «The Other Side of Me»

Cuando salió el segundo CD de Miley, ésta quería demostrar al mundo que era a la vez Hannah Montana y Miley Cyrus. Aquí tienes el contenido de estos dos discos:

Hannah Montana 2: Meet Miley Cyrus.

Temas:

CD 1:

1. «We Got the Party»
2. «Nobody's Perfect»
3. «Make Some Noise»
4. «Rock Star»
5. «Old Blue Jeans»
6. «Life's What You Make It»

7. «One in a Million»
8. «Bigger Than Us»
9. «You and Me Together»
10. «True Friend»

CD 2:

1. «See You Again»
2. «East Northumberland High»
3. «Let's Dance»
4. «G.N.O.» (Girl's Night Out)
5. «Right Here»
6. «As I Am»
7. «Start All Over»
8. «Clear»
9. «Good and Broken»
10. «I Miss You»

Breakout es todo Miley. Éstas son las canciones con las que puedes menear el esqueleto:

1. «Breakout»
2. «7 Things»
3. «The Driveway»

4. «Girls Just Wanna Have Fun»
5. «Full Circle»
6. «Fly on the Wall»
7. «Bottom of the Ocean»
8. «Wake Up America»
9. «These Four Walls»
10. «Simple Song»
11. «Goodbye»
12. «See You Again»

Capítulo 24

Cincuenta datos rápidos

Como eres la mayor fan de Miley, te desvelamos todo lo que necesitas saber sobre ella:

1. **Nombre de nacimiento:** Destiny Hope Cyrus.
2. **Apodos:** Miley, Home G, Milo.
3. **Por qué le pusieron ese apodo:** De bebé, Miley siempre sonreía, así que su padre la llamo Smiley («sonriente», «risueño»), que luego se abrevió en Miley.
4. **Alter ego:** Hannah Montana.
5. **Fecha de nacimiento:** 23 de noviembre de 1992.
6. **Signo:** Sagitario.
7. **Lugar de nacimiento:** Franklin (Tennessee).
8. **Lugar de residencia:** Los Ángeles (California).
9. **Color de pelo:** Castaño.

10. **Color de peluca:** Rubio.
11. **Color de ojos:** Azul verdoso.
12. **Altura:** 1,62 metros.
13. **Padre:** Billy Ray Cyrus.
14. **Madre:** Leticia «Tish» Cyrus.
15. **Hermanos:** tres hermanos mayores: Christopher (de padre), Trace y Brandi (de madre); un hermano pequeño, Braison, y una hermana pequeña, Noah Lindsey.
16. **Mascotas:** Miley tiene un perro llamado *Loco* que vive con ella en California, y un cachorrillo llamado *Sophie*. Pero en Tennessee, tiene siete caballos, tres perros y dos gatos.
17. **Primera vez que cantó sobre un escenario:** Cuando Miley tenía dos años, subió al escenario a cantar con su padre.
18. **Primer papel en televisión:** Kylie en la serie *Doc* del canal PAX.
19. **Primer papel en cine:** Ruthie en *Big Fish* de Tim Burton.
20. **Lugares favoritos en el plató de *Hannah Montana*:** Su camerino y la playa.

21. **Pósters en la pared de su camerino:** Orlando Bloom, Keira Knightley, Kelly Clarkson.
22. **Deporte favorito:** Animadora.
23. ***Hobby*:** ¡Ir de compras!
24. **Complementos sin los que nunca sale:** Una pulsera morada y blanca que le regaló una fan, un brazalete de un parque acuático y un anillo de plata que su padre le regaló a su madre.
25. **Asignaturas favoritas:** Matemáticas y escritura creativa.
26. **Secreto nº 1:** ¡Es incapaz de guardar un secreto!
27. **Secreto nº 2:** Miley ha llevado correctores dentales, pero por detrás de los dientes.
28. **Mejor amiga:** Mandy.
29. **Amigos famosos:** Emily Osment, Mitchel Musso, Ashley Tisdale.
30. **Mejor manera de mantener el contacto con sus amigos:** Usando su Sidekick.
31. **Influencia musical:** Kelly Clarkson.
32. **Ídolos:** Kelly Clarkson, Raven Symoné, Juez Judy.
33. **Serie de televisión favorita:** *Laguna Beach*.
34. **Película favorita:** *Magnolias de acero*.

35. **Actriz favorita:** Sandra Bullock.
36. **Libro favorito:** *Don't Die, My Love,* de Lurlene McDaniel.
37. **Instrumento musical:** Miley aprendió a tocar la guitarra hace unos años. Sus padres le regalaron una Daisy Rock.
38. **Famosos que le molan:** Ryan Cabrera, Ashton Kutcher, Orlando Bloom y Chad Michael Murray.
39. **Elemento imprescindible en su autocar de gira:** Manta de Elvis.
40. **Chucherías favoritas:** Ositos de goma.
41. **Comida preferida:** Comida rápida, gambas.
42. **Condimento favorito:** Ketchup.
43. **Galletas favoritas:** *Cookies*.
44. **Bebida favorita:** *Frappuccino* con caramelo.
45. **Snack favorito:** Chocolatinas.
46. **Cinco canciones en el iPod de Miley:** «Beating Hearts Baby», de Head Automatica; «California», de Copeland; «Invisible», de Ashlee Simpson; «Please Be Mine», de Jonas Brothers, y «It's Going Down», de Yung Joc.

47. **Grupos que le gustan:** Underoath, Copeland, They Said We Were Ghosts, Paramore.

48. **Actividades favoritas cuando no está trabajando (o de compras):** Ovillarse en el sofá y ver un vídeo con su hermana pequeña, Noah.

49. **Qué puso Miley en una cápsula del tiempo:** Una foto de Beyoncé, porque querría tener una carrera como la de ella, y una foto de un vestido que le encanta.

50. **Contrato discográfico futuro:** Un acuerdo de cuatro años con Hollywood Records.

Capítulo 25

Test

Ahora lo sabes absolutamente todo acerca de Miley Cyrus, ¿verdad? Muy bien, entonces, ¡es el momento de hacer un test! (¡Y no vale pasar de página para ver las respuestas!)

1. ¿Cómo se llama el cachorrillo de Miley?

a. *Sydney.*

b. *Loco.*

c. *Sophie.*

d. *Lenny.*

2. ¿A que organización caritativa ayudó Miley con la recaudación de su concierto?

a. City of Angels.

b. City Hospital.

c. City of Hope.

d. City of Children.

3. ¿De qué color es la guitarra Daisy Rock de Miley?

a. Rosa.

b. Azul eléctrico.

c. Fucsia.

4. ¿Cómo se llama su hermana pequeña?

a. Noa Lizzie.

b. Noah Lindsey.

c. Nikki Lesley.

5. ¿Cómo se llama la ciudad natal de Miley?

a. Franklin.

b. Flatwoods.

c. Francis.

6. ¿Qué ceremonia de premios presentó Miley?

a. Oscars.

b. Teen Choice.

c. Grammys.

d. Emmys.

7. ¿Qué palabra usaría Miley para describirse?

a. Callada.

b. Estudiosa.

c. Risueña.

d. Ordenada.

8. ¿Qué quiere hacer Miley antes de morir?

a. Ser profesora.

b. Bañarse en el Mar Rojo.

c. Lanzarse en paracaídas.

d. Subir al Everest.

9. ¿En que CD está la canción «Simple Song»?

a. *Meet Miley Cyrus.*

b. *Hannah Montana 2.*

c. *Breakout.*

d. *Hannah Montana.*

10. ¿Con quién ha firmado Miley un contrato discográfico?

a. Hollywood Records.

b. Mercury Records.

c. Sony.

d. Warner.

Capítulo 26

Mileymanía

Si no has podido ver a Miley en directo, podrás encontrarla en las páginas de cualquier revista para adolescentes, y mogollón de veces ¡está en la portada! También puedes ponerte al día de lo que está haciendo surfeando en la red. Pero una advertencia: ten cuidado cuando te conectes a Internet. Nunca des información personal de ningún tipo: ni tu nombre, ni tu dirección, ni el nombre del instituto o el cole al que vas, ni el nombre del equipo en el que juegas. Y sobre todo, nunca, nunca quedes con alguien que sólo conozcas por Internet. Bajarte fotos que no sabes de dónde proceden es otra cosa que no debes hacer nunca.

Cuando navegues por Internet, no olvides que no todo lo que lees es verdad. Lo mejor es tomar toda la información con un poco de distancia. Hay mogollón de gente que crea sitios y páginas web, y en algunas, la información puede ser directamente inventada: creada. Antes de conectarte, pide permiso a tus padres o a otro adulto de tu familia. Y recuerda, las páginas web vienen y van constantemente, así que si desaparece tu página favorita, no te preocupes, ¡en seguida habrá otra que la sustituya!

Sitio oficial de Miley Cyrus

www.mileycyrus.com

«Miley Cyrus Tribute», página de un grupo de fans.

www.miley-cyrus.com

«Miley Fans», otra página de un grupo de fans.

www.mileyfans.net

Sitio oficial de *Hannah Montana*

psc.disney.go.com/disneychannel/hannahmontana/index.html

Respuestas: 1. c, 2. c, 3. a, 4. b, 5. a, 6. b, 7. c, 8. b, 9. c, 10. a

Capítulo 27

¿Y ahora qué?

Quién es Miley Cyrus? Es una chica adolescente que, casi sin experiencia profesional como actriz, es la estrella de una de las series de Disney más famosas. Es una adolescente que, con un reducido currículum como cantante y artista, tiene tres CD que se han vendido como rosquillas, un concierto que ha batido récords y una película. Al principio, sus logros se basaban en *Hannah Montana*. Pero luego, Miley Cyrus demostró ser una estrella de mucho talento por méritos propios. «Me encanta hacer todas esas cosas —contó a *Vanity Fair*—. Cuando estoy haciendo una cosa, siempre echo de menos la otra. Cuando estoy de gira, echo de menos grabar la serie y al grupo. Cuando estoy haciendo la serie, echo de menos dar conciertos e interpretar mi música para todos mis fans.» ¡Parece que Miley Cyrus está realmente entre dos mundos!

¿Qué tiene Miley por delante? Bueno, tiene más álbumes con Hollywood Records pues ha firmado un contrato de cuatro discos. Y con ellos, llegarán nuevas giras de conciertos. En cuanto a *Hannah Montana*, a pesar de los rumores de que pensaba dejar la serie, Miley dijo a *People*: «Estoy totalmente comprometida con *Hannah Montana*. Es lo que me dio la increíble oportunidad de llegar a tanta gente. No habría podido hacerlo sola. Tenemos un reparto fabuloso que me apoya mucho, incluido mi padre, que ha estado a mi lado a cada paso del camino». Por contrato, Miley tiene que filmar una tercera y una cuarta temporada.

En su papel de Hannah Montana, Miley consiguió la categoría de «estrella de cine» cuando protagonizó *Hannah Montana: La película* en 2009. «No es una versión de dos horas de lo que puede verse en el Disney Channel», contó a *Variety* Adam Bonnett, el vicepresidente de programación original del canal. ¡Y cuánta razón tenía! Si no, que se lo pregunten a los espectadores del cine, que vieron cómo cambiaba la localización de Malibú a Nashville, y descubrieron que en la película a Miley le gustaba un chico nuevo.

Miley se emocionó mucho cuando Disney anunció que protagonizaría una peli (aún sin título), que está preparando para ella el autor Nicholas Sparks. Sparks está escribiendo una novela y su versión cinematográfica, que será producida por la filiar de Disney, Offspring, que dirigen Adam Shankman y Jennifer Gibgot. Según *Variety*, Tish será la productora ejecutiva.

Nicholas Sparks es conocido por su novela y película, *El diario de Noa*, y también por *Un paseo para recordar*, que hizo que Mandy Moore pasara de ser estrella del pop a ser estrella de cine. Sparks ya sabe de qué tratará la película con Miley, tal como ha contado a ella y a su familia, pero aún no se ha hecho público. El libro se editará en Grand Central Publishing en 2009. En una entrevista en *Variety*, Sparks dijo: «Esto se parece a lo que pasa con las películas basadas en mis novelas; no tiene orden. Ciertas oportunidades despiertan tu interés, y ésta fue una de ellas». Sparks dijo que Miley y su familia conocían su trabajo, y que eso ayudó a crear el proyecto.

Ya sea como estrella del pop o de cine, Miley realmente disfruta con lo que hace. En una entrevista con la publicación británica *The Times*, Miley reconoció: «Me gusta trabajar mucho y luego tomarme un descanso largo. Pero es muy gracioso porque siempre que tengo un día libre, digo: "Mamá, tengo que ir al estudio. Mamá, tengo que escribir una canción". Y ella me dice: "Aprovecha tu día libre". Pero es que me gusta trabajar. Me gusta lo que hago. Disfruto tanto».

A pesar de su buena estrella, Miley ha conseguido no perder la cabeza. Sigue siendo la misma chica alegre de una granja de Franklin. A pesar de todo, continúa siendo fiel a sí misma. A Miley le encanta lo que hace, pero también sabe que son sus fans quienes la han llevado a donde está ahora y la mantienen en lo más alto. «Para mí, lo importante es mi amor por actuar y mi amor por la música —contó a *The Times*—. Aunque, claro, cuando ves 3 millones, 4 millones, 5 millones aparecer en tu pantalla [cuando mira los índices de audiencia]... ¡es una locura!. Porque no es que todo haya sido fácil.»

Sin duda es cierto que Miley no lo ha tenido fácil para llegar a la cúspide. Pero por lo que parece, ¡es en la cúspide donde Miley Cyrus se va a quedar!